LAILLES   *Pigeon de Bresse Sauce Tranchée Rose des Sables*
          Aiguillettes de Canard a
          Blanc de Pintade à la C
          Fricassée de Poulet au Vi

AU   *Émincé de Rognons de Veau aux Échalotes Mauves*
     Grillons de Ris de Veau comme les aimait «Jean TROISGROS»
     Ragoût de Tête de Veau aux Olives Cassées

          Château au Fleurie à la Moëlle
          Côte de Bœuf à l'Os, Gratin Forézien (2 personnes)
          Pièce de Bœuf au Poivre Blanc
          Entrecôte Poêlée aux Aromates
          Mignon de Bœuf aux Câpres Capucine
          Selle d'Agneau Rôtie à l'Ail en Chemise (2 personnes)
          Côtelette d'Agneau à la Feuille de Thym

urme en Pot et son Verre de Sauternes
got Roannais à l'Huile de Noix, Pain aux Pistaches
nages Frais et Affinés

au Citron Vert et au Miel d'Acacia
iède au Caramel
ufflées aux Pralines Roses

e aux Fraises Écrasées
hocolat Mousse «Alain PASSART»
illantes aux Poires Williams
mmes "en l'Air" au Calvados Dom Fromtais

Pâtisseries

« *Les recettes originales de...* »
Collection dirigée par Claude Lebey

les recettes originales de

PIERRE et MICHEL TROISGROS

LES PETITS PLATS DES TROISGROS

ÉDITIONS ROBERT LAFFONT — PARIS

Maquette :

Jean Denis
Dominique Lemonnier

Hors-texte couleur et couverture :
Photos Bertram

Pages de garde :
Photos Collection de l'auteur

© Éditions Robert Laffont, S.A., Paris, 1985
ISBN 2-221-04241-7

SOMMAIRE

PRÉFACE

Jean-Baptiste, le père, Jean et Pierre, les deux fils, formaient un trio inséparable, unis par l'affection et unis dans la réussite de cet hôtel de la Gare qui transforma en quelques années une petite sous-préfecture en une ville où l'on vint bientôt du monde entier, rien que pour savourer la cuisine des frères Troisgros (car le père ne faisait pas la cuisine, mais il en était l'inspirateur). Et puis Jean-Baptiste nous a quittés il y a quelques années, son fils Jean l'a suivi au paradis des cuisiniers. Il avait écrit avec son frère Pierre dans cette même collection un livre, Cuisiniers à Roanne, *qui fut d'emblée et demeure un grand succès de librairie.*

Michel Troisgros est venu maintenant seconder son père aux fourneaux après avoir « tourné » chez les plus grands, de Girardet à Guérard. Ils ont mis au point des recettes si séduisantes, basées sur le rythme des saisons, que nous leur avons demandé de les réunir en un volume que nous livrons à vos appétits.

On y trouvera à la fois un attachement permanent à la terre, une grande subtilité technique et un esprit créateur né sans doute de l'accord de deux générations.

Claude LEBEY

Pierre Troisgros est né en 1928 à Chalon-sur-Saône où son père Jean-Baptiste exploitait un café.

Jean-Baptiste Troisgros, bourguignon de souche, aimait la cuisine et les vins de son pays. Dès leur plus jeune âge, il conditionne ses enfants au métier de cuisinier qu'il regrettait de n'avoir pas appris.

En 1930, la famille Troisgros reprend l'hôtel des Platanes (l'actuel hôtel Troisgros) sur la place de la Gare de Roanne, « pour que les enfants puissent jouer dans la cour ». Ce n'était alors qu'un restaurant où les V.R.P. de passage se retrouvaient autour de la table d'hôte, en appréciant l'ambiance et les bons vins de Jean-Baptiste et la bonne cuisine de femme de maman Troisgros.

Avec son frère Jean (décédé en 1983 et co-auteur du livre à succès paru en 1977 dans la même collection) Pierre a appris la cuisine classique à Paris chez Lucas-Carton, puis la cuisine de liberté chez le grand Fernand Point à Vienne.

Marié et de retour aux fourneaux de la maison familiale, ils en ont fait en près de 30 ans la très grande table de réputation mondiale que l'on sait.

Jean Troisgros a eu un fils, aujourd'hui cuisinier à New York, et Pierre, deux. L'un est installé à Rio de Janeiro, l'autre, Michel, seconde son père depuis la mort de Jean. Il est le co-auteur de ce livre.

Michel Troisgros est né en 1958 à Roanne. Diplômé de l'École hôtelière de Grenoble, il apprendra son métier dans les plus grandes maisons puisqu'il a passé un an avec Freddy Girardet, et autant au Taillevent à Paris, chez Pierre Wynants à Bruxelles et au Connaught de Londres avec Michel Bourdin. Avant de rejoindre les fourneaux familiaux, c'est Michel Guérard et Alain Chapel qui l'ont accueilli chacun pendant une saison.

Trois étoiles Michelin, 4 toques rouges et 19/20 au Gault-Millau.

INTRODUCTION

Nous avons souhaité donner à ce second livre un caractère personnel afin de le rendre agréable et accessible à tous. Pour cela, nous avons laissé notre imagination aller au fil des jours et élaboré des recettes « originales ».

Au début du siècle, Escoffier écrivait : « Alors que tout se modifie et se transforme, il serait absurde de prétendre fixer les destinées d'un art. » Fidèles à cet enseignement, vous trouverez à travers ces pages un mélange de recettes d'inspirations diverses. Certaines sont issues de la cuisine classique, bourgeoise ou régionale. Nous les avons modernisées et réactualisées. D'autres ont été puisées parmi les spécialités de nombreux pays. C'est ainsi que nous devons, entre autres, la *lotte au lait de coco* à Claude, l'aîné de la famille, installé à Rio, et les *mini-hamburgers aux choux chinois* à Georges, le fils de Jean Troisgros, cuisinier à New York. C'est d'Espagne que nous est venue l'idée des *cassolettes de queues d'écrevisses en escabèche* et d'un voyage aux Indes les *ailes de faisane « route des épices »*.
N'oublions pas enfin les influences familiales et les petits secrets volés à la mémé.

Nous avons sélectionné des produits disponibles toute l'année pour les associer à des productions saisonnières. On retrouve donc dans chaque rubrique 4 recettes de saison* et pour la bonne bouche une cinquième plus sophistiquée pour les jours de fête.

Au cours de ce travail passionnant, nous avons fait appel à l'objectivité de Mmes Olympe et Marie-Pierre Troisgros qui ont goûté, testé et critiqué. A votre tour nous espérons que vous y trouverez un certain plaisir et dédions ce livre à Jean qui en avait fait l'ébauche avec nous.

---

* Voir encadré page suivante.

Les recettes sont précédées de lettres :

P. : *Printemps.*
E. : *Été.*
A. : *Automne.*
H. : *Hiver.*
F. : *Pour la fête.*

LES RECETTES

1.

FONDS ET SAUCES

FONDS

- FUMET DE POISSON
- FOND BLANC DE VOLAILLE
- FOND DE VEAU BRUN
- DEMI-GLACE

SAUCES

SAUCES VINAIGRETTE

P. NOTRE SAUCE VINAIGRETTE DE BASE
E. VINAIGRETTE À LA CRÈME À L'HUILE D'OLIVE ET AU CITRON
A. SAUCE VINAIGRETTE RÉMOULADE
H. SAUCE VINAIGRETTE AUX ŒUFS DURS
F. SAUCE VINAIGRETTE D'HERBES

SAUCES ÉMULSIONNÉES FROIDES
TYPE « MAYONNAISE »

● SAUCE MAYONNAISE DE BASE
P. SAUCE MAYONNAISE À L'OSEILLE TROISGROS
E. SAUCE MAYONNAISE AU POIVRON DOUX
A. SAUCE MAYONNAISE AU GINGEMBRE
H. SAUCE MAYONNAISE AU RAIFORT
F. SAUCE MAYONNAISE AU VIN ROUGE DE LA CÔTE ROANNAISE
ET AU VINAIGRE DE XÉRÈS

SAUCES ÉMULSIONNÉES CHAUDES
TYPE « HOLLANDAISE »

● SAUCE ÉMULSIONNÉE CHAUDE DE BASE
P. SAUCE ÉMULSIONNÉE CHAUDE À L'ANCHOIS ET AUX OLIVES
E. SAUCE ÉMULSIONNÉE CHAUDE À LA SAUCE DE SOJA
A. SAUCE ÉMULSIONNÉE CHAUDE AU ROQUEFORT ET AUX NOIX
H. SAUCE ÉMULSIONNÉE CHAUDE AU CARI
F. SAUCE ÉMULSIONNÉE CHAUDE AUX TRUFFES

FONDS

Vous aurez besoin de 4 d'entre eux pour réaliser certaines de nos recettes, c'est pourquoi nous avons pensé qu'il était utile de vous en rappeler le principe. Nous connaissons l'hostilité qui règne à leur égard et avons donc essayé de simplifier leur préparation. Nous vous rappelons d'autre part que supportant bien la congélation, vous pourrez les détailler en petites quantités pour les utiliser au fur et à mesure de vos besoins.

fumet de poisson

Ingrédients	1 kg d'arêtes et de têtes de poissons
pour 1 litre	2 oignons
	1 bouquet garni

● Concasser les arêtes que vous aurez demandées à votre poissonnier.

● Suer les légumes émincés, sans coloration, puis ajouter les arêtes et suer à nouveau pendant 3 ou 4 minutes.

● Mouiller à hauteur d'eau, joindre le bouquet garni et faire bouillir.

● Écumer et laisser frémir à découvert pendant une vingtaine de minutes.

● Au terme de la cuisson, passer au chinois.

Les meilleurs fumets sont obtenus avec des arêtes de poissons plats (sole et turbot) additionnées de celles de poissons gras (congre) et blancs (merlan).

fond blanc de volaille

Ingrédients
pour 1 litre

1 kg de carcasses, cous et pattes de volailles
60 g de carottes
50 g d'oignons
1 blanc de poireau
1/2 branche de céleri
2 gousses d'ail
1 clou de girofle
6 g de poivre concassé

● Grouper carcasses et abats dans une grande casserole, couvrir d'eau froide à hauteur, amener à ébullition et écumer.

● Ajouter ensuite la garniture de légumes et de condiments. Assurer une ébullition régulière pendant 45 minutes et dégraisser. Ces deux mesures sont importantes pour obtenir un fond limpide.

● Passer au chinois.

Si on le désire plus corsé, cuire un poulet ou un jarret de veau dans ce fond et les réserver à un autre usage.

fond de veau brun

Ingrédients
pour 1 litre

1 kg d'os de veau
100 g de carottes
50 g de gros oignons
1 gousse d'ail
1 bouquet garni avec céleri

● Faire concasser les os par votre boucher. Les colorer au four sur une plaque à rôtir.

● Dans une grande casserole, grouper les os, les carottes, les oignons coupés en rondelles et le bouquet garni. NE PAS SALER.

● Mouiller d'eau largement au-dessus du niveau, amener à ébullition et écumer. Prendre soin de toujours maintenir le niveau au-dessus des os et dégraisser souvent.

● Faire bouillir doucement et régulièrement pendant 3 heures puis passer au chinois et laisser réduire jusqu'à obtenir environ 1 l.

demi-glace (fond brun réduit et aromatisé)

Ingrédients *pour 1/2 litre*	1 l de fond de veau brun
	1/2 cuillerée à potage de tomate concentrée
	3 tomates fraîches
	1/2 carotte
	1/2 oignon
	1 branche de céleri
	Queues de persil
	5 grains de poivre concassés
	2 cl d'huile d'arachide

● Dans une casserole sur feu doux, faire suer à l'huile la carotte et l'oignon taillés en mirepoix. Ajouter la tomate fraîche et concentrée, la branche de céleri, les queues de persil et le fond brun.

● Faire bouillir à petit feu pendant 1 heure en prenant soin d'écumer. 10 minutes avant la fin, joindre les grains de poivre.

● Réduire environ 1 heure. Il doit rester 0,5 l de liquide. Il est donc nécessaire d'ajouter un peu d'eau froide en cours de cuisson.

● Passer au chinois fin.

notre sauce vinaigrette de base

Ingrédients pour 8 personnes	6 cl d'huile de noix ou noisette
	2 cl d'huile de colza
	4 cl d'huile d'arachide
	5 cl de vinaigre de vin vieux
	1/2 cuillerée à café de moutarde blanche
	Sel et poivre

● Délayer la moutarde, le sel, le poivre et le vinaigre de vin dans un saladier.

● Incorporer peu à peu les différentes huiles.

● Pour obtenir une sauce très personnalisée, le choix des huiles peut varier selon votre goût.

Les amateurs peuvent également ajouter 1/2 gousse d'ail haché.

vinaigrette à la crème
à l'huile d'olive et au citron

Ingrédients pour 8 personnes	15 cl de crème fraîche
	1 échalote hachée
	1 citron
	5 cl d'huile d'olive
	Sel et poivre

● Dans un bol, joindre la crème, le sel, le poivre, l'échalote hachée et le jus de citron.

● Incorporer petit à petit l'huile d'olive, en fouettant.

Cette sauce fraîche assaisonne parfaitement les haricots verts en salade.

vinaigrette rémoulade

Ingrédients pour 8 personnes	15 cl d'huile d'arachide
	4 cl de vinaigre de vin
	1 cuillerée à soupe de moutarde blanche
	2 cuillerées de mayonnaise

● Dans un bol, délayer la moutarde, le vinaigre, le sel et le poivre en fouettant fortement, puis verser l'huile pour que l'ensemble se lie.

● Incorporer les 2 cuillerées de mayonnaise.

● Cette sauce nerveuse convient très bien pour les avocats, les légumes secs ou les pommes de terre en salade.

Elle présente par ailleurs l'avantage de se conserver plusieurs jours.

vinaigrette aux œufs durs

Ingrédients pour 8 personnes	2 œufs durs
	16 cl d'huile d'olive
	4 cl de vinaigre de vin
	1 petit oignon
	1 cuillerée à café de moutarde blanche
	Herbes fraîches
	Sel et poivre

● Dans une jatte, réunir les jaunes d'œufs, la moutarde, le vinaigre, le sel, le poivre et l'oignon haché très fin.

● Fouetter soigneusement le tout, incorporer l'huile et ajouter les herbes et les blancs d'œufs hachés.

Nous recommandons cette préparation en accompagnement d'une salade de pissenlit ou de jeunes épinards nouveaux au lard.

vinaigrette d'herbes

Ingrédients pour 8 personnes	60 g de persil, cerfeuil et estragon
	5 cl de vinaigre de xérès
	10 cl d'huile de noix
	5 cl de fond de volaille
	Sel et poivre

● Dans un mixeur, placer l'ensemble des herbes, préalablement lavées et blanchies. Incorporer le vinaigre et le fond de volaille. Mixer en incorporant progressivement l'huile afin d'obtenir une sauce liée très verte.

Une sauce originale très parfumée et colorée pour accompagner des terrines de légumes ou de crustacés.
Varier en remplaçant les herbes par des asperges cuites dans un fond de volaille.

QUELQUES CONSEILS POUR LES RÉUSSIR

● Le froid étant l'ennemi de la mayonnaise, la monter avec des ingrédients que l'on réserve à la température ambiante.

● Lorsqu'on constate que la sauce devient trop épaisse, la relâcher avec quelques gouttes de vinaigre.

● Ajouter l'huile progressivement et ne verser que lorsque l'assimilation se fait avec le jaune d'œuf.

● Une mayonnaise bien montée ne peut plus tourner.

sauce mayonnaise de base

Ingrédients pour 4 personnes	1 jaune d'œuf 10 cl d'huile d'arachide 1 cuillerée à café de moutarde de Dijon 2 cuillerées à soupe de vinaigre de vin Sel

● Prendre un saladier rond et creux pour que chaque coup de fouet soit efficace. Y mettre le jaune d'œuf, le sel, la moutarde et quelques gouttes de vinaigre.

● Fouetter et incorporer l'huile goutte à goutte.

● Ajouter le reste du vinaigre, rectifier l'assaisonnement puis fouetter énergiquement une dernière fois.

à l'oseille « troisgros »

Ingrédients pour 4 personnes	100 g d'oseille 1 mayonnaise de base

● Équeuter l'oseille fraîche, la laver, la ciseler et la saler légèrement.

● La faire suer 3 minutes, à couvert, dans une petite casserole.

● Laisser tiédir et incorporer délicatement à la mayonnaise.

En accompagnement d'un saumon frais, vous retrouverez la version froide du saumon à l'oseille Troisgros.

au poivron doux

Ingrédients pour 4 personnes	1 poivron rouge 1 oignon moyen 1 tomate 1 mayonnaise de base

● Griller le poivron pour faire claquer la peau, ce qui permet de la retirer facilement.

● Ôter les grains et le découper en lanières.

● Dans une casserole, faire suer à l'huile l'oignon haché, puis ajouter le poivron et la tomate émondée et épépinée.

● Cuire lentement à couvert pendant environ 30 minutes.

● Mixer l'ensemble et le faire réduire si besoin est afin d'obtenir une purée assez épaisse.

● Laisser tiédir et mélanger à la mayonnaise.

On peut également rajouter quelques petits dés de poivron cru et un tour de moulin de poivre blanc.
A servir avec de la volaille froide.

au gingembre

Ingrédients	40 g de gingembre
pour	4 cl de vin blanc
4 personnes	1 mayonnaise de base

● Éplucher et parer le gingembre en forme de cylindre.

● Le couper en rondelles très fines et hacher les parures.

● Mariner 24 heures dans le vin blanc.

● Cuire l'ensemble 4 minutes dans une petite sauteuse. Laisser tiédir et incorporer à la mayonnaise.

Assaisonnement proposé pour les légumes en julienne (céleri, carottes, etc.).

au raifort

Ingrédients	1 racine de raifort
pour	1 mayonnaise de base
4 personnes	

● Si l'on peut se procurer du raifort frais, l'éplucher et le râper, sinon l'acheter en conserve dans une épicerie fine.

● L'incorporer petit à petit à la mayonnaise et fouetter vivement.

La quantité de raifort à utiliser est surtout fonction de votre goût.
Accompagnement idéal d'un rosbif froid.

au vin rouge de la côte roannaise et au vinaigre de xérès

Ingrédients	8 cl de côte roannaise
pour	2 cl de vinaigre de xérès
4 personnes	3 échalotes
	Huile
	1 mayonnaise de base

● Émincer les échalotes en rondelles régulières et les faire suer légèrement à l'huile.

● Déglacer au vinaigre et au vin rouge puis laisser réduire presque à sec.

● Incorporer cette réduction à la mayonnaise.

Tous les poissons froids et pochés s'accommoderont de cette variante.

QUELQUES CONSEILS POUR LES RÉUSSIR

● Le jaune d'œuf ne doit jamais être trop mousseux. Si cela se produisait, augmenter la chaleur.

● A l'inverse, si l'ensemble devient trop épais par excès de chaleur, ajouter quelques gouttes d'eau froide.

● Si l'on prépare la sauce à l'avance, la réserver dans un récipient en inoxydable de préférence, au bain-marie à 60° maximum.

sauce émulsionnée chaude de base

Ingrédients 3 jaunes d'œufs
pour 175 g de beurre
4 personnes Sel et poivre

● Clarifier le beurre sur le coin du feu et l'écumer.

● Mettre dans une petite sauteuse (casserole à bord évasé), les 3 jaunes d'œufs avec 6 cl d'eau et mélanger au fouet.

● La poser à feu doux et battre jusqu'à épaississement. On doit toujours pouvoir tenir la main sur la casserole.

● A ce moment, en continuant de fouetter, incorporer petit à petit le beurre clarifié, en évitant le petit lait libéré au fond du récipient.

... à l'anchois et aux olives

Ingrédients	3 filets d'anchois à l'huile
pour	8 olives vertes dénoyautées
4 personnes	5 cl d'huile d'olive
	1/2 citron
	1 sauce de base

● Hacher finement les olives.

● Faire fondre les filets d'anchois à feu doux dans l'huile.

● Incorporer le tout dans la sauce de base et terminer l'assaisonnement avec quelques gouttes de citron.

A déguster avec du poulet frit ou des asperges tièdes.

... à la sauce de soja

Ingrédients	1 échalote
pour	2 cl de vinaigre de vin
4 personnes	4 cl de sauce soja (on la trouve dans les épiceries spécialisées)
	1 sauce de base

● Ajouter l'échalote hachée, le vinaigre et la sauce soja dans la sauce.

● Vérifier l'assaisonnement.

Convient aux poissons et aux viandes grillées.

... au roquefort et aux noix

Ingrédients	30 g de roquefort
pour	6 g de cerneaux de noix
4 personnes	1 sauce de base

● Hacher les noix et faire fondre le roquefort sur le coin du feu.

● Mélanger le tout à la sauce de base.

Parfait pour les œufs pochés ou mollets.

... au cari

Ingrédients	1 pincée de cari
pour	24 raisins de Smyrne
4 personnes	1 sauce de base

● Faire tremper les raisins à l'eau pendant 1 heure.

● Les égoutter et les incorporer à la sauce avec la quantité de cari que l'on juge nécessaire.

A savourer avec des volailles ou des ris de veau poêlés.

... aux truffes

Ingrédients	40 g de truffes
pour	1 sauce de base
4 personnes	

● En saison, cuire des truffes fraîches avec 5 cl d'eau pendant 10 minutes. Hors saison, utiliser de la conserve.

● Les hacher finement et passer au tamis avant de les verser dans la sauce.

● S'assurer de l'assaisonnement.

Accompagnement judicieux de poissons nobles pochés tels que le turbot ou le loup.

2.

POTAGES

P. CRÈME DE MOULES GLACÉE AU CRESSON
E. POTAGE FROID AU GOÛT D'ANIS
A. POTAGE DE BLETTES « PRADINE »
H. POTAGE AUX ŒUFS DURS
F. CRÈME D'HUÎTRES AU PIED LEVÉ

crème de moules glacée au cresson

Temps de cuisson : quelques minutes

Ingrédients *pour* *4 personnes*	800 g de moules de bouchot 1 botte de cresson 2 échalotes 15 cl de crème fraîche 30 cl de fumet (p. 21) 20 cl de vin blanc Sel et poivre

MISE EN PLACE

● Laver les moules à grande eau.

● Effeuiller le cresson. Réserver une vingtaine de feuilles dans l'eau froide. Blanchir le reste à l'eau bouillante salée. Rafraîchir immédiatement et égoutter.

● Hacher l'échalote.

CUISSON

● Disposer les moules dans une casserole assez large, ajouter l'échalote et le vin blanc. Cuire à couvert quelques minutes. Lorsque les moules sont ouvertes, les retirer à l'aide d'une écumoire, les décortiquer et réserver 32 pièces.

● Ajouter le fumet de poisson bouillant à la cuisson des moules, puis la crème et le cresson blanchi. Amener à ébullition, mixer et passer le tout au chinois. Assaisonner avec précaution car l'eau contenue dans les moules est déjà salée.

● Réserver au frais.

PRÉSENTATION

Déposer 8 moules décortiquées au fond de 4 tasses froides puis répartir la crème de moules à l'intérieur et décorer de 5 feuilles de cresson.

SURPLUS

Les moules de bouchot, très savoureuses, se prêtent particulièrement bien à cette recette. Il en restera qui pourront être utilisées en salade ou en garniture d'un poisson chaud.

potage froid au goût d'anis

Temps de cuisson : 25 minutes

Ingrédients	4 poireaux
pour	1 bulbe de fenouil
4 personnes	250 g de pommes de terre
	20 cl de crème fleurette
	30 feuilles d'estragon
	3 anis étoilés
	1 cuillerée à café d'apéritif anisé

MISE EN PLACE

● Éplucher et laver les poireaux, le fenouil et les pommes de terre. Couper en gros morceaux et mettre le tout dans une casserole avec l'anis étoilé. Mouiller avec 1,25 l d'eau, saler et cuire 25 minutes. Retirer l'anis étoilé et passer le tout au mixeur.

● Monter la crème sur de la glace pilée et la mélanger aux légumes passés.

● Réserver au froid.

FINITION

● Ajouter la cuillerée à café d'apéritif anisé et l'estragon concassé.

● S'assurer de l'assaisonnement en sel et poivre.

● Dresser sur assiette froide ou en soupière, et sortir au dernier moment du réfrigérateur.

RAFFINEMENT

Pour plus d'onctuosité, nous recommandons de repasser le potage au chinois fin, juste avant d'ajouter l'estragon.

potage de blettes « pradine »

Temps de cuisson : 30 minutes

Ingrédients *pour* *4 personnes*	500 g de côtes de blettes avec feuilles 2 poireaux 10 feuilles d'oseille 3 pommes de terre moyennes 150 g de veau dénervé 30 g de beurre 15 cl de crème fraîche 20 g de mie de pain 1 branche de persil Sel et poivre

MISE EN PLACE

● Blanchir les feuilles de blettes.

● Éplucher et émincer les côtes et les blancs de poireaux.

● Découper les pommes de terre en petits dés et les réserver dans l'eau.

● Équeuter et ciseler l'oseille.

● Hacher la chair de veau au couteau, ajouter 5 cl de crème, le persil concassé et la mie de pain. Bien travailler l'ensemble à la spatule en bois et assaisonner.

CUISSON

● Dans une casserole, faire étuver les poireaux et les côtes de blettes au beurre. Ajouter les pommes de terre et mouiller avec 1,25 l d'eau. Saler, couvrir et laisser cuire 30 minutes.

● Parallèlement, confectionner 4 farcis de la manière suivante : étaler les feuilles de blettes blanchies sur une planche, les garnir de la farce de veau et les refermer en forme de petits paquets. Les placer dans un ustensile correspondant à leur taille, les recouvrir de l'eau de cuisson et cuire sans ébullition 15 minutes à couvert.

FINITION

● Regrouper tout le potage dans la même casserole, incorporer la crème, ajouter l'oseille et faire reprendre l'ébullition 10 secondes.

● Vérifier l'assaisonnement.

● Poser les farcis dans 4 assiettes chaudes et les recouvrir du potage.

potage aux œufs durs

Temps de cuisson : 20 minutes

Ingrédients pour 4 personnes	
	4 poireaux
	2 branches de céleri dans le cœur
	4 carottes
	2 navets
	6 œufs
	15 cl de crème
	20 g de beurre
	1 l de fond blanc de volaille (facultatif) (p. 22)
	1/2 citron
	Sel et poivre

MISE EN PLACE

● Éplucher les légumes et les couper en julienne régulière.

● Cuire les œufs 9 minutes à l'eau bouillante et les rafraîchir.

● La veille, mélanger le jus de citron à la crème.

CUISSON

● Faire suer la julienne, au beurre, dans une casserole. Mouiller ensuite d'eau ou, mieux, de fond blanc de volaille. Cuire 20 minutes.

● Ajouter la crème citronnée.

● S'assurer de l'assaisonnement.

FINITION

● Éplucher les œufs durs et les couper en rondelles. Les répartir dans le fond de 4 assiettes creuses et chaudes.

● Verser le potage dessus.

SUGGESTION

Les jours de faste, on peut l'agrémenter de morilles séchées.
Après les avoir fait tremper à l'eau froide, les couper en quatre, et les laver soigneusement. Les cuire 5 minutes dans le
potage bouillant. Dans ce cas, réduire la proportion d'œufs
durs.

crème d'huîtres au pied levé

Temps de cuisson : 2 minutes

Ingrédients *pour* *4 personnes*	16 huîtres portugaises n° 3 100 g de petits pois écossés 10 cl de vin blanc sec 15 cl de crème fleurette 20 g de beurre 2 biscottes Sel et poivre

MISE EN PLACE

● Cuire les petits pois en respectant les normes de cuisson des légumes verts, c'est-à-dire à grande eau bouillante, salée à 10 g par litre. Ébullition vive, sans couvercle. Refroidissement très rapide.

● Ouvrir les huîtres, détacher la chair, la récupérer dans un récipient avec l'eau de mer.

CUISSON

● Dans une casserole, mettre le vin et l'équivalent d'eau à bouillir. Ajouter la moitié des petits pois, les 2 biscottes et les huîtres avec l'eau de mer. Amener à ébullition 1 minute, crémer et laisser cuire à nouveau 1 minute. Mixer fortement et passer au chinois. Remettre le tout dans la casserole, monter avec le beurre en petites parcelles.

● Ajouter en garniture les petits pois réservés.

● Poivrer et saler si nécessaire.

VARIANTE

Cette crème peut se préparer avec d'autres coquillages, tels que praires, palourdes, ou Saint-Jacques. Chacun apportera ainsi un caractère différent à la recette.

3.

ŒUFS ET ENTRÉES

ŒUFS

P. ŒUFS EN COCOTTE D'ARTICHAUT
E. SOUFFLÉ D'ŒUF À LA COQUE
A. ŒUFS BROUILLÉS AUX OURSINS
H. ŒUFS FRITS À LA MÂCHE COQUILLETTE
F. ŒUFS « FINO DE BOFFET »

ENTRÉES

P. GELÉE DE POIREAUX AU FOIE GRAS
E. OPUS DE FROMAGE DE CHÈVRE ET BETTERAVE ROUGE
A. FOIE GRAS CHAUD AUX GROSEILLES SAUCE CÂLINE
H. POÊLÉE D'ESCARGOTS À LA RATATOUILLE MINUTE
F. DAMIER DE TRUFFES ET DE RIS DE VEAU

œufs en cocotte d'artichaut

Temps de cuisson : 5 minutes

Ingrédients	4 artichauts bretons
pour	4 œufs
4 personnes	20 cl de crème fraîche
	10 cl de vin blanc
	1 échalote
	30 g de poivrons rouges
	4 feuilles de basilic
	10 g de beurre
	1/2 citron
	Sel et poivre

MISE EN PLACE

● Tourner les fonds d'artichauts avec un petit couteau, c'est-à-dire ne conserver que la partie charnue. Les citronner pour les protéger de l'oxydation.

● Hacher l'échalote et le basilic.

● Peler, émincer finement et cuire le poivron rouge, 5 minutes, à l'anglaise.

CUISSON

● Assaisonner et ranger les artichauts dans une casserole beurrée. Ajouter l'échalote hachée, le vin blanc et laisser suer. Couvrir d'eau à hauteur et disposer un papier sulfurisé sur le dessus. Cuire une vingtaine de minutes environ puis constater la cuisson avec la pointe d'un couteau. Retirer et laisser tiédir.

● Verser 2 cuillerées de cuisson dans un plat à gratin, puis déposer, sans les faire chevaucher, les fonds après avoir extrait le foin. Casser 1 œuf dans chacun d'eux. Assaisonner et enfourner 5 minutes à 200°.

LA SAUCE

● A part, réduire à sec le restant de cuisson, crémer et laisser bouillir de nouveau jusqu'à l'obtention d'une sauce légèrement liée.

● Compléter l'assaisonnement en joignant le poivron, basilic et quelques gouttes de jus de citron.

SERVICE

Déposer chaque artichaut dans une assiette creuse et napper de la sauce. Déguster de suite.

soufflé d'œuf à la coque

Temps de cuisson : 7 minutes

Ingrédients *pour* *4 personnes*	8 œufs 30 g de farine 40 cl de lait Beurre Noix muscade Sel et poivre

MISE EN PLACE

● Avec la pointe d'un couteau, découper avec précaution 8 œufs aux 3/4 de leur hauteur. Récupérer, séparément, 4 jaunes et 3 blancs. Nettoyer les coquilles avec précaution sous l'eau courante et les sécher au four quelques minutes. Lorsqu'elles sont froides, beurrer l'intérieur. Les réserver au frais.

● Verser le lait bouillant sur le mélange jaunes d'œufs + farine et cuire sur le feu comme une crème pâtissière. Assaisonner de sel et poivre et de noix muscade.

● Monter les blancs en neige avec une pointe de sel et, à l'aide d'une spatule, les incorporer délicatement à l'appareil.

● Garnir l'intérieur des coquilles et les déposer sur une plaque remplie de gros sel, support efficace pour les maintenir en équilibre.

● Enfourner à 200° pendant 7 minutes.

PRÉSENTATION

Disposer chaque œuf soufflé dans un coquetier et servir rapidement.

PERFECTIONNEMENT

S'il vous reste un bon jus de viande, en introduire une cuillerée à café dans chaque œuf.

œufs brouillés aux oursins

Temps de cuisson : 10 minutes

Ingrédients *pour* *4 personnes*	8 œufs 1,5 kg d'oursins 50 g de beurre 2 cuillerées de crème fraîche Sel et poivre

MISE EN PLACE

● Ouvrir les oursins : à l'aide de ciseaux, pratiquer aux 3/4 de leur hauteur une incision circulaire, sur le côté de la bouche. Retirer la calotte, et avec le dos d'une cuillère détacher délicatement les 5 languettes (coraux) fixées contre les parois de la coquille. Réserver dans un endroit tempéré.

● Laver 8 ou 12 coffres selon la grosseur.

● Casser les œufs dans un saladier, ajouter 50 g de beurre en petites parcelles, saler et battre légèrement avec une fourchette.

CUISSON

● Utiliser une casserole à fond épais, la poser sur le feu très doux et verser les œufs. Remuer sans interruption avec une cuillère en bois, pour amener constamment dans la masse liquide les parties légèrement solidifiées.

● Dès que l'on constate un léger épaississement, retirer la casserole sur le côté, sans cesser de remuer. Ajouter alors la crème qui arrête la cuisson. Les œufs doivent former une masse consistante mais moelleuse.

DRESSAGE

Réchauffer les coffres au four, les garnir aux 3/4 des œufs brouillés. Poser les coraux d'oursins à peine tiède au centre et présenter sur des algues blanchies.

HISTOIRE NATURELLE

Choisissez, de préférence, des oursins dits « violets ».
Vous reconnaîtrez leur fraîcheur à la fermeté des piquants et
à leur poids, car ils doivent encore être chargés d'eau de
mer.

œufs frits à la mâche coquillette

Temps de cuisson : 1 minute

Ingrédients pour 4 personnes	8 œufs 300 g de mâche 2 tomates Vinaigre de vin Huile de noisette Huile d'arachide Sel et poivre

MISE EN PLACE

La mâche

● Retirer la petite racine tout en évitant aux feuilles de se détacher. Laver délicatement en plusieurs fois.

● Blanchir 20 secondes à grande eau bouillante salée, arrêter la cuisson en transvasant la mâche dans une bassine d'eau froide pendant 1 seconde. Puis l'égoutter tiède sur un linge.

● Émonder, épépiner et couper les tomates en petits dés réguliers.

Les œufs

● Faire chauffer de l'huile d'arachide dans une petite poêle jusqu'à ce qu'elle fume légèrement. Casser les œufs un par un dans une assiette, les assaisonner et les cuire individuellement en les faisant glisser dans la friture.

● A l'aide d'une spatule, ramener immédiatement le blanc sur le jaune, il se solidifie au contact de l'huile chaude et forme une carapace dorée. Cette opération, rapide, demande environ 1 minute.

● Retirer l'œuf à l'aide d'une écumoire, réserver sur un linge et renouveler l'opération.

SERVICE

● Assaisonner la mâche et la tomate avec quelques gouttes de vinaigre et d'huile de noisette. Les répartir dans 4 assiettes tièdes.

● Garnir des œufs frits et servir de suite.

TECHNIQUE

Ne s'agissant pas véritablement d'une cuisson à la grande friture, il suffit donc de n'avoir de l'huile qu'à mi-hauteur de la poêle et d'éviter qu'elle ne recouvre les œufs.

œufs « fino de offet »

Temps de cuisson : 30 minutes

Ingrédients *pour* *4 personnes*	4 œufs 300 g de lard maigre salé 700 g de pommes de terre 1 gousse d'ail 1 gros oignon 0,5 l de vin rouge de table à faible degré 100 g de beurre Thym, laurier et romarin Sel et poivre

MISE EN PLACE

● Couper le lard en lanières, puis en morceaux de 4 cm sur 2.

● Détailler les pommes de terre en rondelles de 2 mm d'épaisseur, les poivrer seulement.

● Émincer l'oignon.

● Hacher l'ail.

CUISSON

● Dans une cocotte en fonte, faire revenir le lard dans 50 g de beurre et suer les oignons sans coloration. Joindre les pommes de terre, l'ail et les herbes aromatiques. Cuire à feu doux et à couvert 20 minutes tout en remuant fréquemment. Ajouter ensuite le vin rouge, amener à ébullition et laisser reposer 10 minutes hors du feu. S'assurer de l'assaisonnement.

● Avant de servir, cuire séparément 4 œufs au plat, dans une poêle en téflon. Les retourner comme on le ferait pour une crêpe.

PRÉSENTATION

Dresser les pommes de terre dans 4 assiettes creuses et les recouvrir d'un œuf.

HISTOIRE

« Fino » est le nom d'un plat rustique de notre région, qui était très prisé par les bûcherons et les sabotiers.

gelée de poireaux au foie gras

Temps de cuisson : 1 heure

Ingrédients *pour* *4 personnes*	30 pièces de poireaux 0,5 l de fond de volaille (page 22) 3 tomates 120 g de foie gras en terrine 0,25 l de gelée

La sauce
10 g de persil
5 g de cerfeuil
5 g d'estragon
1 cuillerée de cuisson de poireaux
2 cl de vinaigre de xérès
4 cl d'huile de noix

MISE EN PLACE

● Choisir des poireaux de la grosseur d'un doigt, réserver le blanc. On utilisera le vert pour d'autres préparations. Les laver à grande eau et les cuire 12 minutes dans le fond de volaille. Les égoutter sur un linge et les réserver au frais. Conserver le fond de cuisson pour la sauce.

● Émonder les tomates, les couper en quatre, les épépiner et réserver la chair.

● Faire fondre la gelée.

MONTAGE

● Prendre un moule rectangulaire de 12 à 15 cm de long sur 8 cm de large environ. Couler une partie de la gelée dans le fond, laisser prendre au froid.

● Aligner une rangée de poireaux dessus, recouvrir de gelée et laisser prendre à nouveau. Renouveler l'opération en intercalant les tomates, les poireaux et le foie gras coupé en tranches de 1 cm d'épaisseur.

● Terminer par une rangée de poireaux et réserver au froid.

LA SAUCE

Dans un mixeur, grouper le persil, le cerfeuil et l'estragon équeutés. Hacher puis ajouter la cuisson de poireaux, le vinaigre, puis progressivement l'huile de noix. Assaisonner.

FINITION ET SERVICE

● Répartir la sauce sur de grandes assiettes froides.

● Démouler la terrine sur une planche. A l'aide d'un couteau électrique, découper 2 tranches par personne et les déposer délicatement sur la sauce.

CONSEIL PRATIQUE

Votre charcutier vous procurera la gelée si vous ne pouvez la confectionner vous-même.

opus de fromage de chèvre et betterave rouge

Ingrédients pour 8 personnes	750 g de fromage de chèvre frais de 2 jours
	3 betteraves
	25 cl d'huile de noix
	8 cl de vinaigre de vin
	Sel et poivre mignonnette

PRÉPARATION

● L'idéal est de se procurer des fromages fermiers carrés ou rectangulaires. Sinon, les parer et former des tranches de 1 cm d'épaisseur. Il faut 3 épaisseurs pour remplir un moule de 10 cm de large sur 25 cm de long.

● Choisir des betteraves fraîchement cuites, les éplucher, les parer et les tailler en tranches de 1 cm d'épaisseur. 2 couches seront nécessaires.

MONTAGE

● Chemiser le moule d'un papier sulfurisé. Garnir le fond d'une couche de fromage. Aligner dessus les lamelles de betteraves que l'on découpe à la longueur désirée.

● Renouveler ces deux opérations pour obtenir en tout 3 couches de fromage et 2 de betteraves.

● Rabattre le papier dessus, presser légèrement avec la paume de la main.

DRESSAGE

● Démouler la terrine sur une planche avec précaution. Retirer le papier qui l'entoure.

● Couper 8 tranches à l'aide d'un tranche-lard très affûté. Les déposer sur autant d'assiettes froides.

● Parsemer légèrement sur chacune sel fin et poivre concassé. Napper de l'huile de noix et de quelques gouttes de vinaigre.

POURQUOI ?

Cette création originale regroupe en un seul service salade et fromage. Elle évite l'achat, toujours trop important, d'un assortiment pour le traditionnel plateau.

foie gras chaud aux groseilles sauce câline

Temps de cuisson : 2 minutes

Ingrédients pour 4 personnes	
	360 g de foie gras de canard cru
	1 cuillerée de confiture d'abricot
	48 baies de groseilles
	2 cl de vinaigre de vin
	20 cl de fond de veau (p. 22)
	20 g de beurre
	1/4 de citron
	Sel et poivre

MISE EN PLACE

Le foie gras

● Plonger le foie dans une casserole d'eau bouillante et salée. Reprendre l'ébullition pendant 1 minute et laisser refroidir dans la cuisson. Afin que le foie reprenne toute sa fermeté, cette opération doit avoir lieu la veille.

● Retirer et découper en tranches d'un petit centimètre d'épaisseur. Poser celles-ci sur une plaque et les assaisonner de sel et de poivre.

● Pocher les groseilles quelques secondes dans un sirop léger.

La sauce

● Amener la confiture et le vinaigre au caramel. Déglacer au jus de citron et ajouter le fond. Cuire ensuite 15 minutes et écumer.

● Passer au chinois, monter au beurre et s'assurer de l'assaisonnement.

CUISSON ET DRESSAGE

● Faire revenir les tranches de foie dans une poêle en téfal très chaude, 1 minute sur chaque face puis les déposer sur un papier absorbant.

● Les placer dans 4 assiettes chaudes, napper de la sauce et parsemer harmonieusement de groseilles.

● Servir immédiatement.

NOTRE CHOIX

Nous utilisons ici le foie gras de canard car son goût plus prononcé que celui de l'oie s'associe mieux à l'aigre-doux de la sauce.

poêlée d'escargots
à la ratatouille minute

Temps de cuisson : 20 minutes

Ingrédients	48 pièces d'escargots
pour	120 g d'aubergines
4 personnes	160 g de courgettes
	40 g de poivrons verts
	2 tomates
	1 oignon moyen
	1/2 gousse d'ail
	Beurre
	Huile d'olive
	Persil
	Sel et poivre

MISE EN PLACE

L'idéal serait de se procurer des escargots vivants. Sinon prendre de bonnes conserves.

● Éplucher les aubergines, les poivrons, l'oignon. Laver les courgettes.

● Émonder et épépiner les tomates.

● Tailler séparément tous les légumes en petits dés réguliers.

PRÉPARATION

● Faire sauter individuellement, à l'huile d'olive, l'oignon, les poivrons, les courgettes et en dernier les aubergines. L'ensemble doit prendre une belle couleur dorée mais rester craquant.

● Verser dans une passoire pour récupérer l'excédent d'huile dans laquelle on fait revenir les tomates pendant 3 minutes.

● Regrouper le tout et s'assurer de l'assaisonnement.

● Faire légèrement revenir les escargots au beurre dans une poêle. Au dernier moment, ajouter une persillade légère composée de peu d'ail et de beaucoup de persil.

FINITION

Incorporer les escargots à la ratatouille minute et servir aussitôt.

CUISSON DES ESCARGOTS VIVANTS

● Après les avoir lavés, les faire dégorger 2 heures au gros sel. Les rincer à nouveau et les placer dans une casserole avec de l'eau tiède. Lorsqu'elle arrive à ébullition, les égoutter immédiatement.

● Retirer la chair à l'aide d'une aiguille à brider et éliminer le boyau.

● Les mettre à cuire avec carottes, oignons, bouquet garni et vin blanc. Recouvrir d'eau à hauteur.

● A la première ébullition, les écumer, les saler et cuire 3 heures et demie à 90°.

damier de truffes et de ris de veau

Temps de cuisson : 30 minutes

Ingrédients pour 8 personnes	300 g de grosses truffes
	2 cl de cognac
	4 cl de vin blanc
	600 g de ris de veau
	200 g de blanc de poulet
	1 blanc d'œuf
	1 l de fond blanc de volaille (p. 22)
	5 cl de crème
	60 g de beurre
	Sel et poivre

MISE EN PLACE

Les truffes

En période de truffes fraîches, les cuire 20 minutes à l'étouffée avec 2 cl de cognac, 4 cl de vin blanc, 20 cl d'eau, du sel et du poivre. Hors saison, choisir de la bonne conserve.

● Les détailler en bâtonnets de 0,5 cm d'épaisseur.

Les ris de veau

● Les dégorger durant 1 heure sous l'eau froide.

● Après les avoir blanchis, les rafraîchir et cuire à feu doux 40 minutes dans le fond de volaille. Retirer les ris de la cuisson et les réserver au frais pour les raffermir.

● Les couper en morceaux du même calibre que les truffes.

La farce

● Dénerver le blanc de volaille et le couper en petits dés. Réserver au grand froid dans le bol du robot-coupe, pendant 30 minutes.

● Ajouter le blanc d'œuf, le sel et le poivre, faire tourner rapidement en incorporant la crème.

● Lorsque la farce est lisse, débarrasser et réserver.

PRÉPARATION ET CUISSON

● Choisir un moule rectangulaire de 18 cm de longueur sur 8 cm de large et 6 cm de haut. Chemiser d'un papier sulfurisé.

● Tapisser le fond et les bords d'une fine couche de farce. Garnir alternativement de bâtonnets de truffes puis de ris de veau, sur 3 hauteurs, en séparant chaque fois d'une pellicule de farce.

● Couvrir et cuire au bain-marie 30 minutes à 150⁰.

LA SAUCE

Réduire le jus de truffes avec 10 cl de cuisson des ris de veau. Lorsqu'il en reste 2 cuillerées, incorporer le beurre en petites parcelles et monter en fouettant en plein feu. Assaisonner.

DRESSAGE

Démouler la terrine encore tiède sur une planche et découper 16 tranches. En disposer 2 par assiette et napper de la sauce chaude.

ALTERNATIVE

Si vos besoins ne justifient pas l'utilisation du damier en une seule fois, il suffit de ne couper que le nombre de tranches nécessaires et de réserver le reste au frais dans un papier film. On le réchauffe légèrement lors du réemploi.

4

POISSONS,
COQUILLAGES
ET CRUSTACÉS

POISSONS D'EAU DOUCE

P. FILETS DE SANDRE À LA MOUTARDE À L'ANCIENNE
E. CARPE MIROIR FARCIE AUX OLIVES NOIRES
A. PERCHE AU BEURRE DITE « MEUNIÈRE »
H. BROCHET RÔTI À LA DENT DE LION
F. CUISSES DE GRENOUILLES AU VERT « F.B.I. »

POISSONS RONDS

P. BRANDADE DE MORUE AUX FÈVES NOUVELLES
E. CABILLAUD EN FLEUR
A. FILETS DE MERLAN À L'ÉMULSION D'HUILE D'OLIVE
H. EFFEUILLÉ DE HADDOCK AUX ENDIVES
F. DARNES DE MERLU AUX ASPERGES ET MOUSSELINE DE TRUFFES

POISSONS NOBLES

P. DORADE GRISE EN ÉCAILLES DE COURGETTES
E. CHAUSSON DE PAGEOT À LA BLETTE AU PERSIL
A. POISSON CAPITAINE À L'ÉCRASÉE DE POMMES DE TERRE
H. ROUILLÉE DE ROUGET
F. LOUP AUX DIVERS POIVRES SAUCE GINGEMBRE

LOTTE DE MER

P. JOUES DE LOTTE « SHINJUKU »
E. LOTTE AU LAIT DE COCO À LA BRÉSILIENNE
A. BARBOTON DE LOTTE AUX POMMES DE TERRE
H. LOTILLONS AUX CARDONS FAÇON MATELOTE
F. MÉDAILLONS DE LOTTE DE MER AU CARI

SCOMBRIDÉS

P. THON BLANC AUX MANGE-TOUT
E. THON CRU DANS SA SAUCE YAOURT
A. FILETS DE MAQUEREAU FINE BOUCHE
A. ROUELLE DE BONITE AUX CÂPRES
F. FILETS DE MAQUEREAU AUX GROSEILLES À MAQUEREAU

POISSONS PLATS

P. BLANC DE TURBOT AUX ZESTES DE CITRON SAUMURÉ
E. SIFFLETS DE SOLE « TOUSIMPLE »
A. FILETS DE BARBUE À LA FEUILLE DE LAITUE
H. FILETS DE LIMANDE « LATINA »
F. CANNELAGE DE SOLES ET LASAGNES

SAUMON

P. GALET DE SAUMON DANS SA PEAU CROUSTILLANTE
E. RILLETTE DE SAUMON À L'ANGUILLE FUMÉE
A. VENTRE DE SAUMON COMME AU BON TEMPS DU « PATRON »
H. SAUMONADE
F. ESCALOPE DE SAUMON À L'OSEILLE « TROIGROS » (replay)

CRUSTACÉS

P. LANGOUSTE POCHÉE À LA FONDUE DE TOMATES ET FRISONS DE CONCOMBRE
E. QUEUES D'ÉCREVISSES EN ESCABÈCHE
A. QUEUES DE LANGOUSTINES AUX FLEURS DE COURGETTES FARCIES
H. GRATIN DE PINCES DE CRABES DORMEURS
F. ROULEAUX D'ARAIGNÉE DE MER « ATLANTIDE »

COQUILLAGES

P. COQUILLES SAINT-JACQUES EN « AUTOSATISFACTION »
E. CALMARS AUX SPIRALES
A. HUÎTRES TIÈDES AU VINAIGRE D'ÉCHALOTE ET RADIS NOIR
H. COQUILLAGES BRETONS AUX VERMICELLES
F. NOIX DE PÉTONCLES AU CORAIL D'OURSINS

filets de sandre
à la moutarde à l'ancienne

Temps de cuisson : 10 minutes

Ingrédients *pour* *4 personnes*	600 g de filets de sandre 10 cl de vin blanc sec Moutarde à l'ancienne 2 échalotes 60 g de beurre Mie de pain Sel et poivre

MISE EN PLACE

● Dans du papier d'aluminium, préparer 4 rectangles de 15 cm sur 20 cm en retournant les bords d'une manière rustique. Beurrer le fond de ces récipients de fortune, y mettre le vin blanc et les échalotes hachées.

● Assaisonner les filets de sandre et, à l'aide d'un pinceau, les badigeonner de moutarde. Les déposer dans les barquettes, les recouvrir de mie de pain et de petites noix de beurre.

CUISSON

● Cuire au four en position gril environ 10 minutes afin que le poisson prenne une belle couleur dorée.

● Ce plat ne souffrant pas l'attente, il est important d'en prévoir la cuisson juste avant de servir.

DRESSAGE

● Déposer chaque caissette sur une assiette et déguster ce plat simple mais très frais.

INSTRUCTIF

● Le sandre d'Europe centrale est un nouveau venu dans nos rivières. Son goût et sa forme le placent entre la perche et le brochet.

carpe miroir farcie aux olives noires

Temps de cuisson : 1 heure

Ingrédients *pour* *4 personnes*	1 carpe de 3 livres environ 8 blancs de poireaux 250 g d'olives noires 0,5 l de vin blanc sec 3 citrons 50 g de beurre 10 cl d'huile d'olive 40 g de mie de pain Fleur de thym Sel et poivre

MISE EN PLACE

La carpe

L'écailler, couper les nageoires et l'extrémité de la queue. Pratiquer une incision la plus courte possible sous le ventre, la vider sans oublier les ouïes. La laver, l'essuyer et l'assaisonner de sel et poivre.

La garniture

● Émincer très finement les blancs de poireaux.

● Dénoyauter les olives et les couper en rondelles.

● Peler les citrons à vif et dégager les quartiers en passant la lame d'un couteau entre la pulpe et la membrane.

La farce

● Mélanger la moitié des poireaux et des citrons dans un saladier, leur incorporer les olives noires, la mie de pain trempée, 5 cl d'huile d'olive et le thym. Assaisonner légèrement et bien malaxer le tout.

● Remplir la carpe de cette farce et recoudre l'ouverture à l'aide d'une aiguille à brider.

CUISSON

● Déposer la carpe dans une poissonnière de sa taille. L'entourer de la garniture réservée et arroser d'huile d'olive.

● Enfourner à 180º et cuire une petite heure en arrosant de temps à autre. Ajouter de l'eau en cours de cuisson au cas où la réduction serait trop rapide.

FINITION

Déposer le poisson sur un grand plat de service, retirer la ficelle et l'entourer de sa sauce qui doit être légèrement sirupeuse.

SERVICE

Répartir la farce et la chair avec la garniture dans 4 grandes assiettes chaudes et napper de la sauce.

CONSEIL

Nous recommandons de choisir la variété dite « carpe miroir », elle est reconnaissable aux écailles qui la recouvrent.
Si vos invités sont de nationalité chinoise, réservez-leur les lèvres, partie très prisée dans leur pays.

perche au beurre dite « meunière »

Temps de cuisson : 20 minutes

Ingrédients *pour* *4 personnes*	4 perches du jour entre 350 et 500 g 1 citron Persil 240 g de beurre 4 cl d'huile d'arachide Sel et poivre Farine à poisson

PRÉPARATION DES PERCHES

● Les prendre avec un linge et à l'aide de gros ciseaux couper les nageoires dorsales et ventrales, ainsi que celles qui se trouvent à proximité de la tête.

● Pratiquer une incision à la naissance du ventre, les vider et retirer les ouïes.

● Écailler à l'aide d'un appareil spécial ou avec une fourchette en inox, opération assez laborieuse avec ce poisson.

CUISSON

● Après les avoir lavées et essuyées, passer les perches dans la farine à poisson puis les tapoter pour en enlever l'excédent.

● Chauffer une poêle à poisson, mettre la moitié du beurre et un peu d'huile. Lorsqu'il grésille, ajouter les perches et les faire dorer d'un côté ; retourner sur l'autre face et terminer la cuisson en arrosant de temps à autre. Il faut compter au minimum 20 minutes.

● Pendant la cuisson, équeuter le persil, le laver et l'égoutter.

● Presser le citron dans un bol puis passer le jus à travers une passoire.

SERVICE

● Ajouter le reste du beurre. Lorsqu'il est couleur noisette, y jeter le persil.

● Présenter dans l'ustensile de cuisson et verser le jus de citron dans ce beurre bouillant pour faire « chanter le poisson ».

● Ajouter du sel cru et du poivre du moulin sur les filets de perche que chaque convive lèvera de son propre chef et les napper du beurre de cuisson citronné.

POURQUOI ?

A l'automne, je partais avec mon père pour pêcher les perches à la dandinette et nous les mangions le soir après une journée de marche. Quel bon souvenir gourmand !

brochet rôti à la dent de lion

Temps de cuisson : 30 minutes

Ingrédients *pour* *4 personnes*	1 brochet de 1 kg 150 g de dent de lion (voir en fin de recette) 120 g de lard salé 3 gousses d'ail 40 g de beurre 3 œufs 2 citrons 10 cl d'huile d'olive Persil Farine à poisson Sel et poivre

MISE EN PLACE

● Après avoir vidé et écaillé le brochet, pratiquer 6 petites entailles le long de l'arête dorsale à l'aide d'un couteau d'office.

● Piquer ensuite la chair avec les gousses d'ail coupées en deux sur la longueur. Assaisonner en sel et poivre puis fariner.

● Découper le lard en petits lardons et les blanchir.

● Cuire les œufs à l'eau bouillante pendant 7 minutes et les rafraîchir.

● Trier et laver la salade.

● Hacher le persil.

LA SAUCE

Dans un saladier, mélanger les œufs hachés grossièrement, le jus de citron, du sel, du poivre, et incorporer petit à petit l'huile d'olive.

CUISSON

● Faire chauffer le beurre dans une grande poêle à poisson. Lorsqu'il est couleur noisette, y déposer le brochet. Dorer sur chaque face et terminer la cuisson au four en arrosant fréquemment.

● Rissoler les lardons dans une poêle.

DRESSAGE

● Assaisonner la salade avec 1/4 de la sauce, la faire tiédir légèrement et jeter les lardons égouttés et très chauds dessus. La dresser en couronne dans 4 grandes assiettes tièdes.

● Lever le brochet en filets et les répartir au milieu de chaque assiette.

● Napper du restant de sauce, parsemer de persil et déguster aussitôt.

MARCHÉ

La « dent de lion » n'est autre que du pissenlit sauvage. On peut la remplacer par du « groin d'âne » (autre variété de salade sauvage typique de la région lyonnaise) ou, pourquoi pas, par des épinards nouveaux.

cuisses de grenouilles au vert « F.B.I. »

Temps de cuisson : 3 minutes pour le vert
6 minutes pour les grenouilles

Ingrédients
pour
4 personnes

32 cuisses de grenouilles
100 g d'épinards équeutés
200 g de cresson
50 g de persil
50 g de cerfeuil
50 g de basilic
50 g d'estragon
1/2 gousse d'ail
1/2 citron
20 cl de crème double
50 g de beurre
Sel et poivre

MISE EN PLACE

● A l'aide d'un petit couteau d'office, désosser les cuisses de grenouilles.

● Choisir 20 belles feuilles de cresson et les réserver dans de l'eau glacée.

● Cuire ensemble les herbes, les épinards et le reste de cresson à grande eau bouillante salée pendant 3 minutes, puis rafraîchir rapidement et presser pour retirer l'excédent d'eau. Passer au mixeur puis au tamis pour obtenir une purée.

CUISSON

● Dans une casserole, faire réduire fortement la crème, ajouter la purée verte et réchauffer. Assaisonner du jus du demi-citron, de sel et poivre.

● Saler, fariner les cuisses de grenouilles et les poêler au beurre à feu vif. Lorsqu'elles sont dorées, les retirer du feu et jeter dessus la pointe d'ail hachée.

83

DRESSAGE

Garnir de la sauce le fond de 4 assiettes creuses très chaudes, y répartir les grenouilles et décorer avec les feuilles de cresson.

PETITE HISTOIRE

Nous avons ici adapté à notre goût la célèbre recette belge de l'anguille au vert que nous avons remplacée par des cuisses de grenouilles et qui a ainsi donné naissance au premier plat franco-belge international (F.B.I.) !

brandade de morue aux fèves nouvelles

Temps de cuisson : 20 minutes

Ingrédients	700 g de morue salée
pour	400 g de fèves fraîches non écossées
4 personnes	1/4 de gousse d'ail
	15 cl d'huile d'olive
	10 cl de crème double
	20 g de beurre
	2 tranches de pain de mie
	Sel et poivre

MISE EN PLACE

● Couper la morue en 4 morceaux. Dessaler 48 heures à l'eau froide. Renouveler l'eau trois à quatre fois en s'assurant que la peau soit sur le dessus.

● Écosser les fèves et les cuire 5 minutes à l'eau bouillante. Retirer la peau qui les recouvre.

● Couper le pain de mie en petits dés de 1 cm de côté.

CUISSON

● Pocher la morue 8 minutes dans 2 l d'eau non salée. Éviter l'ébullition. A l'aide d'une écumoire déposer les morceaux sur une serviette. Retirer la peau, les arêtes et effilocher la chair.

● Chauffer dans une sauteuse 10 cl d'huile d'olive. Lorsqu'elle est fumante, jeter dedans la morue, 1/4 des fèves cuites et l'ail haché.

● A la spatule en bois travailler fortement 5 minutes sur la plaque jusqu'à ce que l'on obtienne une pâte fine.

● Retirer du feu et incorporer le reste d'huile sans cesser de remuer. L'appareil va se lier. Mais si l'on sent le désir de trancher (l'huile ne s'incorpore plus au poisson), ajouter un peu d'eau tiède.

● Pour terminer, incorporer la crème et donner un tour de moulin à poivre.

● Poêler séparément le reste des fèves et les dés de pain de mie au beurre.

SERVICE

Dresser la brandade en pyramide dans un plat rond et parsemer dessus les fèves et les croûtons poêlés.

CONSEIL

En saison, nous vous recommandons la morue verte, elle est salée mais non séchée.

cabillaud en fleur

Temps de cuisson : 3 minutes

Ingrédients *pour* *4 personnes*	600 g de filets de cabillaud 2 carottes 2 blancs de poireaux 6 cl de vin blanc 6 cl de fumet de poisson (p. 21) 12 cl d'huile de tournesol 1 citron 60 grains de coriandre Estragon, cerfeuil Sel et poivre

MISE EN PLACE

Le cabillaud

● Le trancher en fins pétales de 10 cm de diamètre. Les aligner sur un grand plat de service. Assaisonner de sel et poivre.

● Parallèlement, préparer 4 cartons rigides de 20 cm de côté, les recouvrir de papier argent et huiler.

● Sur toute la surface de ces supports, composer des rosaces en faisant chevaucher légèrement les pétales. Placer sur une plaque à petits rebords. Répartir dessus les grains de coriandre, le vin blanc, la moitié de l'huile et le fumet.

La julienne

Tailler en julienne carottes et blancs de poireaux. Assaisonner et cuire « craquant » à l'étuvée. Réserver dans la casserole de cuisson.

CUISSON

3 minutes avant de servir, enfourner à 220°.

DRESSAGE

● Verser le liquide de cuisson sur la julienne ainsi que le reste de l'huile et le jus de citron.

● Ajouter le cerfeuil et l'estragon concassé et répartir sur 4 grandes assiettes chaudes.

● En inclinant les supports, faire glisser dessus le poisson.

CONSEIL

Ce plat, dégusté à l'aide de cuillères à sauce, doit être exécuté très rapidement.

filets de merlan
à l'émulsion d'huile d'olive

Temps de cuisson : 5 minutes

Ingrédients *pour* *4 personnes*	4 merlans brillants 50 g de carottes 50 g de poireaux 5 g de céleri branche 20 cl de fumet de poisson (p. 21) 5 cl d'huile d'olive 1/2 citron 4 feuilles de menthe fraîche Sel et poivre

MISE EN PLACE

● Après les avoir vidés, lever les merlans en filets, les assaisonner et les disposer sur une plaque de cuisson assez large.

● Éplucher les carottes, le céleri et laver les poireaux. Tailler ces légumes en bâtonnets et les répartir autour du poisson. Assaisonner de sel et poivre. Recouvrir des 20 cl de fumet de poisson.

CUISSON

● Cuire à four chaud (200°) pendant 3 minutes.

● A l'aide d'une spatule, déposer délicatement les filets sur 4 assiettes creuses et les conserver au chaud recouverts de papier aluminium.

● Finir la cuisson des légumes sur le feu pendant encore 2 minutes.

LA SAUCE

● Verser l'ensemble cuisson-légumes dans un mixeur. Ajouter progressivement l'huile d'olive.

● Remettre dans une casserole, amener à ébullition, rectifier l'assaisonnement et ajouter quelques gouttes de citron.

FINITION

● Répartir la sauce-bouillon sur les filets de merlan.

● Décorer des feuilles de menthe fraîche et servir aussitôt.

CONSEIL

On peut aussi ajouter une pointe de tomates concassées cuites, ce qui apportera acidité et couleur au plat. Cette recette est trompeuse, car elle donne l'impression d'être crémée. En fait elle est pauvre en calories et convient très bien à des repas légers.

effeuillé de haddock aux endives

Temps de cuisson : 30 minutes

Ingrédients *pour* *4 personnes*	600 g de haddock 300 g d'endives 25 cl de crème double 20 g de beurre 1/2 citron Persil

MISE EN PLACE

● Découper le haddock en morceaux et le placer dans une marmite, style couscoussière.

● Découper également les feuilles d'endives en grosse julienne après les avoir séparées du cœur. Saler et poivrer.

CUISSON

● Dans une casserole, faire chauffer le beurre, y verser la julienne d'endives et laisser suer à couvert 15 minutes. Au bout de ce temps, incorporer la crème et laisser réduire lentement jusqu'à liaison. Les endives doivent rester fermes. Ajouter le jus de citron et s'assurer de l'assaisonnement.

● Parallèlement, mettre le haddock au feu et le cuire 5 minutes à la vapeur.

FINITION

● Égoutter le poisson sur un linge et l'effeuiller. Le mélanger délicatement aux endives à la crème.

● Parsemer de persil et servir aussitôt.

A SAVOIR

On appelle haddock de l'aiglefin fumé à basse température. Le meilleur nous vient d'Angleterre.

darnes de merlu aux asperges et mousseline de truffes

Temps de cuisson : 8 minutes

Ingrédients pour 4 personnes	4 tranches de merlu de 180 g soit 720 g 16 têtes d'asperges Sauce émulsionnée chaude aux truffes (p. 34)

Le court-bouillon
2 gros oignons
2 carottes
3 gousses d'ail
Queues de persil
1 branche de thym
1 feuille de laurier
10 cl de vin blanc sec
5 cl de vinaigre d'alcool
12 g de gros sel
Poivre concassé

LES ASPERGES

Après les avoir soigneusement épluchées, les cuire de façon classique à l'eau salée.

LE COURT-BOUILLON

● Dans une casserole, rassembler 1 l de cuisson des asperges, le vin blanc, le vinaigre, carottes et oignons coupés en fines rondelles, l'ail, le thym, le laurier, le persil et le sel. Amener à ébullition, écumer et cuire doucement 25 minutes. Ajouter une bonne poignée de poivre concassé et cuire encore 5 minutes.

● Passer le tout au chinois.

CUISSON

Ranger les darnes de merlu dans une poissonnière, verser le court-bouillon dessus en ajoutant de l'eau si nécessaire pour recouvrir entièrement le poisson. Porter à ébullition et compter 8 minutes d'une cuisson frémissante, sur le coin du feu.

SERVICE

● Retirer délicatement les tranches de poisson de la cuisson ; ôter la peau et les placer sur 4 assiettes chaudes.

● Napper de la mousseline aux truffes et servir avec la garniture d'asperges.

A SAVOIR

A la suite de fausses appellations, la législation oblige les commerçants à dénommer ce poisson merlu, alors qu'il est plus connu sous le nom de colin.

dorade grise en écailles de courgettes

Temps de cuisson : 35 minutes

Ingrédients pour 4 personnes	1 dorade de 1,5 kg
	600 g de courgettes moyennes
	10 cl de vin blanc
	30 cl de crème double
	150 g de beurre
	1 citron
	4 gousses d'ail
	Fleur de thym
	Sel et poivre

MISE EN PLACE

● Après l'avoir vidée et écaillée, laver la dorade à grande eau et l'assaisonner de sel et de poivre.

● Tailler 55 fines tranches de courgettes et les passer 30 secondes à l'eau bouillante. Hacher grossièrement le reste. Faire revenir dans 50 g de beurre jusqu'à évaporation de l'eau de végétation. Ajouter à ce hachis la fleur de thym et assaisonner.

● Garnir l'intérieur du poisson des 2/3 de cette farce et recoudre à l'aide d'une aiguille.

CUISSON

● Placer la dorade dans un plat ovale de sa taille. L'entourer des gousses d'ail en chemise, de rondelles de citron à vif et de 100 g de beurre.

● Couvrir d'un papier aluminium et cuire 35 minutes à 200° en arrosant fréquemment.

PRÉSENTATION

● Déposer avec précaution le poisson sur un plat de service et ôter la ficelle.

● Passer au mixeur le 1/3 des courgettes que l'on avait réservé avec la pulpe d'ail cuite que l'on extrait de son enveloppe.

● Retirer l'excédent de beurre de cuisson et le verser sur les tranches de courgettes blanchies. Les faire chevaucher sur le poisson afin de reconstituer les écailles.

LA SAUCE

Déglacer le plat de cuisson au vin blanc, laisser réduire, ajouter la crème, donner une ébullition et lier avec la composition ail-courgettes mixés. S'assurer de l'assaisonnement.

SERVICE

Entourer le poisson d'un cordon de sauce, dresser le reste en saucière et servir aussitôt.

MARCHÉ

Plusieurs variétés de daurades peuvent être employées, par ordre de préférence :
— la dorade grise, parfaite pour cette recette ;
— le dentie, pour les jours de fête ;
— en dernier recours, la dorade rose.

chausson de pageot à la blette au persil

Temps de cuisson : 10 minutes

Ingrédients pour 4 personnes	
	2 pageots de 750 g chacun
	2 côtes de blettes avec leurs feuilles
	25 cl de crème fraîche
	120 g de beurre
	3 échalotes
	1 grosse poignée de persil
	1/2 gousse d'ail
	1/2 citron
	Sel et poivre

MISE EN PLACE

Les blettes

● Détacher les feuilles et les cuire 2 minutes à l'eau salée. Les rafraîchir délicatement et étaler sur un linge en prenant soin de ne pas les déchirer.

● Ôter la pellicule qui recouvre les côtes et détailler en bâtonnets de 5 cm de longueur sur 2 cm de largeur. Les cuire 10 minutes environ à l'eau bouillante salée.

● Rafraîchir et égoutter.

Les pageots

● Les vider, les écailler et les lever en filets tout en préservant la peau. Les assaisonner sur les deux faces et les fariner. Les saisir dans 60 g de beurre noisette, laisser colorer 1 minute sur chaque face et les réserver.

● Envelopper chaque filet dans les feuilles de blettes pour former les chaussons.

● Hacher les 3 échalotes, le persil et l'ail (persillade).

● Presser le demi-citron.

CUISSON

● Chauffer 60 g de beurre dans une plaque à rôtir. Lorsqu'il est noisette, y disposer le poisson entouré des bâtonnets de côtes de blettes préalablement assaisonnés. Enfourner et laisser mijoter 10 minutes à 200º.

● Déposer les chaussons dans un plat de service.

● Jeter la persillade dans les blettes. Laisser suer et verser la crème. Amener à ébullition, ajouter le jus de citron et s'assurer de l'assaisonnement.

SERVICE

● Répartir les côtes de blettes dans des assiettes chaudes et poser dessus les chaussons de pageot.

● Napper de la sauce.

REMARQUE

S'il ne vous est pas possible de vous procurer du pageot, remplacer-le par d'autres poissons de la famille de la dorade.

poisson capitaine
à l'écrasée de pommes de terre

Temps de cuisson : 90 secondes

Ingrédients pour 4 personnes	600 g de filets de capitaine
	4 petites pommes de terre (Belles de Fontenay)
	1 échalote
	4 cl de vinaigre de vin
	160 g de beurre
	Persil
	1/2 citron
	Sel, gros sel et poivre

MISE EN PLACE

Le capitaine

● Choisir un morceau dans le milieu du poisson, retirer la peau et, à l'aide d'un tranche-lard, découper 4 escalopes de 150 g chacune.

● Les aplatir délicatement pour égaliser l'épaisseur.

Les pommes de terre

Les éplucher, les laver et les cuire entières à l'eau salée.

Le beurre monté

● Mettre le vinaigre et l'échalote hachée dans une casserole. Faire réduire doucement presque à sec.

● Remplacer l'évaporation par de l'eau et incorporer le beurre en petits morceaux.

● Porter à ébullition tout en donnant à la casserole un mouvement circulaire.

● Retirer lorsque tout est fondu et lié.

FINITION

● Couper les pommes de terre en quatre et les émincer. Les incorporer au beurre et, à l'aide d'une fourchette, les écraser grossièrement.

● Compléter l'assaisonnement avec une grosse poignée de persil haché. Saler et poivrer.

● Assaisonner à leur tour les escalopes de capitaine, les cuire « aller et retour » sur les deux faces, dans une poêle en téflon très chaude.

DRESSAGE

Répartir la composition pommes de terre et beurre fondu dans un plat de service, ranger dessus les escalopes de poisson puis ajouter quelques grains de gros sel et le jus de citron.

INSTRUCTIF

Le capitaine est un poisson fin, pêché dans les grands fleuves d'Afrique noire. Il a le goût de bons poissons de mer et s'apprête comme le loup ou la dorade.
Grâce aux transports rapides, il apparaît depuis quelques temps sur le marché français.

rouillée de rouget

Temps de cuisson : 5 minutes

Ingrédients *pour* *4 personnes*	4 rougets de 250 g 2 tomates 1 gros oignon 4 pommes de terre de taille moyenne à chair ferme 5 cl d'huile d'olive 1 pincée de safran 1 bouquet garni Sel et poivre
	La sauce 1 jaune d'œuf 5 cl d'huile d'olive 5 cl d'huile d'arachide 1 pincée de safran 1/2 gousse d'ail Sel et poivre

MISE EN PLACE

Les rougets

● Les vider, les écailler et les lever en filets en laissant la peau. A l'aide d'une pince, retirer les arêtes qui subsistent à l'intérieur de chaque filet, puis les découper en trois.

● Assaisonner et réserver au frais.

Le fumet

● Faire suer têtes et arêtes concassées dans une casserole. Mouiller d'un litre d'eau, ajouter le bouquet garni et porter à ébullition.

● Écumer, laisser cuire 20 minutes à petit feu.

● Passer au chinois et réserver.

La garniture

Émonder, peler et épépiner les tomates. Les tailler en dés réguliers.

● Hacher l'oignon finement.

● Éplucher et découper les pommes de terre en rondelles de 5 cm d'épaisseur et les cuire à l'eau salée. Réserver 4 tranches pour la sauce.

CUISSON

● Chauffer l'huile d'olive dans une casserole assez large. Faire suer sans le rissoler l'oignon haché, ajouter la tomate, le safran et mouiller du fumet. Amener à ébullition et cuire 5 minutes.

● Ajouter le poisson, couvrir et réserver hors du feu un quart d'heure.

● Joindre les pommes de terre cuites et s'assurer de l'assaisonnement.

LA SAUCE ROUILLE

● Dans un bol, piler la demi-gousse d'ail avec les 4 tranches de pommes de terres cuites, précédemment réservées.

● Ajouter le jaune d'œuf et à l'aide d'un fouet monter peu à peu avec les deux huiles en détendant avec de l'eau tiède dans laquelle on a incorporé la pincée de safran.

● Vérifier l'assaisonnement en sel et poivre. Dresser en saucière.

FINITION

Répartir l'ensemble dans 4 assiettes creuses.
Chaque convive dosera la sauce rouille à sa convenance.

REMARQUE

Ce plat a des airs de bouillabaisse. On peut évidemment substituer ou mélanger tous les poissons qui ont fait son succès (rascasse, vive, lotte, etc.).

loup aux divers poivres sauce gingembre

Temps de cuisson : 15 minutes

Ingrédients pour 4 personnes	
	1 loup de 1 kg environ
	Baies roses
	Quelques grains de poivre : blanc, noir, vert
	150 g de beurre
	La sauce
	10 cl de vin blanc sec
	40 cl de fumet de poisson (p. 21)
	40 cl de crème
	2 échalotes
	10 g de gingembre

MISE EN PLACE

● La veille, éplucher et tailler le gingembre en julienne.

● Le garder 24 heures dans le vin blanc.

● Vider, écailler et laver le loup à grande eau. L'assaisonner.

● Le déposer dans un plat à poisson de sa taille et l'entourer de 100 g de beurre.

CUISSON

● Enfourner à 200°.

● Après 15 minutes de cuisson, retirer la peau supérieure et incruster dans la chair les baies et les divers grains de poivre.

● Enfourner à nouveau et terminer la cuisson pendant 15 minutes environ en arrosant fréquemment.

LA SAUCE

● Dans une casserole, grouper le vin blanc de la marinade de gingembre, le fumet et l'échalote finement hachée.

● Faire réduire à glace, ajouter la crème, amener à ébullition jusqu'à liaison et joindre à cette sauce bouillante la julienne de gingembre.

● Pour terminer, monter avec 50 g de beurre et s'assurer de l'assaisonnement.

SERVICE

● Placer délicatement le loup sur un plat de service.

● Servir la sauce à part.

REMARQUE

Le poivre vert est cueilli avant maturité. L'idéal serait de l'avoir frais. On le trouve dans le commerce en saumure ou lyophilisé.
C'est volontairement que nous laissons à votre appréciation la quantité de poivre à utiliser. Vous pourrez ainsi jouer avec leur couleur et celle des baies roses.

joues de lotte « shinjuku »

Temps de cuisson : 3 minutes

Ingrédients pour 4 personnes	500 g de joues de lotte
	1 courgette
	8 gousses d'ail non épluchées
	30 cl de vinaigre de vin
	1 l d'huile d'arachide (pour friture)
	Sel et poivre
	Pâte à frire japonaise
	1 blanc d'œuf
	60 g de farine
	Sel
	Eau glacée

MISE EN PLACE

La lotte

Commander chez votre poissonnier des joues de lotte bien fraîches de 20 à 25 g pièce. Les saler.

La courgette

La laver et la découper en rondelles fines. Assaisonner.

La pâte à frire

● Délayer dans un saladier le blanc d'œuf, l'eau très froide et une pincée de sel. Faire tomber dedans la farine en pluie et l'incorporer en remuant avec une fourchette.

● Afin que la pâte ne prenne pas de corps, la travailler le moins possible. Il doit rester des grumeaux dans l'appareil.

La petite sauce condiment

● Dans une casserole, rassembler l'ail en chemise et le vinaigre plus 1/3 de son volume d'eau. Laisser cuire 20 minutes à petit feu puis passer au tamis fin. S'assurer de l'assaisonnement en sel et poivre.

● On obtient une sauce légèrement liée grâce à la pulpe d'ail.

CUISSON

● Dans une friteuse, faire chauffer l'huile jusqu'à ce qu'une vapeur sèche et blanchâtre s'en dégage. Tremper une à une les joues dans la pâte à frire et les égoutter soigneusement au-dessus de la terrine avant de les plonger toujours une à une dans la friture chaude. Après 3 minutes de cuisson environ, elles prendront de la couleur. Les déposer sur un papier absorbant.

● Renouveler l'opération avec la courgette. Saler légèrement.

SERVICE

● Disposer les beignets de joues et de courgette sur un plat de service recouvert d'une serviette.

● Répartir la sauce dans 4 petits bols individuels que l'on placera devant chaque convive.

● Pour déguster, tremper légèrement les beignets dans la sauce condiment

VARIANTE

D'autres poissons ou crustacés s'adaptent très bien à cette préparation. Nous vous suggérons entre autres les queues de langoustines.
En ajoutant quelques gouttes de soja à la sauce, vous lui donnerez un caractère purement japonais.

lotte au lait de coco à la brésilienne

Temps de cuisson : 10 minutes

Ingrédients pour 4 personnes	
1 lotte de 900 g	
1 noix de coco	
1 oignon	
100 g de poivron vert	coupés en petits dés
100 g de poivron rouge	
20 g de beurre	
20 cl de fumet de poisson (p. 21)	
Sel	

MISE EN PLACE

● Retirer la peau de la lotte, l'ébarber, la lever en filets et la découper en médaillons de 0,5 cm d'épaisseur.

● Casser la noix de coco à l'aide d'un petit marteau et récupérer le lait dans un saladier. Détacher la pulpe en prenant soin de retirer la peau brune.

● Passer l'ensemble au mixeur puis récupérer le liquide à travers une mousseline et réserver la pulpe.

CUISSON

● Choisir une casserole suffisamment large pour que les médaillons ne se chevauchent pas. La mettre à chauffer.

● Y faire suer la brunoise de poivrons et d'oignon dans 20 g de beurre.

● Placer les médaillons assaisonnés sur cette garniture et laisser suer de nouveau.

● Ajouter le lait de coco puis le fumet de poisson.

● Cuire 5 minutes à couvert, sans ébullition.

FINITION

Au dernier instant, ajouter la pulpe de noix de coco qui liera la sauce. S'assurer de l'assaisonnement et servir dans de grandes assiettes creuses.

REMARQUE

Pour cette recette, nous nous sommes inspirés de la façon dont les Brésiliens traitent certains poissons dans la cuisine bahiannaise.
Marlène, l'épouse de Claude Troisgros, nous l'avait mijotée lors d'une visite à Rio.

barboton de lotte aux pommes de terre

Temps de cuisson : 20 minutes

Ingrédients	600 g de chair de lotte
pour	4 pommes de terre moyennes soit 600 g (BF15)
4 personnes	60 g de beurre
	25 cl de crème fraîche
	1 citron
	1 gousse d'ail
	Persil
	Sel et poivre
	Farine à poisson

MISE EN PLACE

Après les avoir épluchées, couper les pommes de terre en rondelles assez épaisses.

● Détailler la chair de lotte en médaillons de même diamètre.

● Préparer une persillade avec l'ail et le persil haché.

CUISSON

● Chauffer une cocotte en fonte de 20 cm de diamètre environ. Assaisonner les pommes de terre et les jeter dans le beurre noisette pour les rissoler.

● Puis ajouter le poisson assaisonné. Cuire à four très chaud pendant 7 ou 8 minutes.

● Retirer du four, crémer, ramener à ébullition et joindre le jus de citron.

PRÉSENTATION

Servir à même la cocotte après avoir saupoudré au dernier moment de persillade.

ASTUCE

Pour éviter un goût d'ail trop prononcé et faciliter la digestion, il est conseillé de faire blanchir celui-ci 5 minutes.

lotillons aux cardons façon matelote

Temps de cuisson : 20 minutes

Ingrédients	2 petites lottes de 450 g
pour	1 cardon
4 personnes	2 échalotes
	1/2 gousse d'ail
	60 g de lard salé
	4 filets d'anchois
	30 cl de bourgogne rouge
	4 cl de cognac
	120 g de beurre
	2 cuillerées de concentré de tomate
	Sel et poivre

MISE EN PLACE

● Retirer la peau de la lotte et lever les filets que l'on coupera en grosses lanières.

● Éplucher et couper le cardon en bâtonnets de 4 cm de longueur, en prenant les côtes les plus proches du cœur. Cuire environ 1 heure dans l'eau légèrement citronnée et salée.

● Découper le lard en petits lardons et les blanchir.

● Hacher finement l'échalote et la demi-gousse d'ail.

● Malaxer les filets d'anchois avec 90 g de beurre.

CUISSON

● Faire revenir les lardons dans une sauteuse assez spacieuse avec 30 g de beurre. Réserver.

● Dans la même casserole, placer les filets de lotte assaisonnés, les faire dorer en ayant soin d'agiter de temps à autre pour éviter qu'ils n'attachent. Au bout de 3 minutes, les entourer des lardons puis de l'échalote et enfin de l'ail haché.

● Déglacer au cognac et mouiller au vin rouge dans lequel on a délayé la tomate concentrée. Couvrir et laisser cuire 10 minutes.

FINITION

● Retirer les filets de poisson et les déposer sur un plat de service. Maintenir au chaud. Laisser réduire la cuisson afin d'obtenir une dizaine de cuillerées de sauce. Monter avec le beurre d'anchois.

● Réintégrer les filets de lotte et les cardons dans cette sauce. Laisser mijoter, s'assurer de l'assaisonnement en poivre et servir bouillant.

CONSEIL

Pour étoffer votre plat, vous pouvez l'agrémenter de tranches de pain grillé, tartinées de moelle pochée.
Si vous êtes dans une région où l'on ne cultive pas les cardons, vous pouvez le remplacer par des côtes de blettes.

médaillons de lotte de mer au cari

Temps de cuisson : 10 minutes

Ingrédients pour 4 personnes	700 g de lotte
	8 oignons blancs nouveaux
	2 pommes (starking)
	2 bananes
	80 g de beurre
	20 cl de crème double
	2 cuillerées à café de poudre de cari
	Farine à poisson
	Sel et poivre
	Sucre

MISE EN PLACE

● Détailler la lotte en tranches de 40 g chacune.

● Éplucher les oignons en laissant 5 cm de tige, les cuire dans le minimum d'eau salée et légèrement sucrée.

● Retirer la peau des bananes et les couper en deux dans le sens de la longueur.

● Détailler les pommes en 20 quartiers sans les peler.

CUISSON

● Mettre 20 g de beurre dans une poêle en Téflon pour y faire sauter les médaillons de lotte préalablement farinés. Les cuire vivement environ 10 minutes. Réserver au chaud dans un plat de service.

● Mettre le cari dans la poêle et déglacer avec la cuisson des oignons. Réduire et crémer. Amener à liaison. Remettre le poisson à mijoter durant quelques minutes. S'assurer de l'assaisonnement.

● Pendant l'opération, faire poêler au beurre les bananes, les quartiers de pommes et les oignons préalablement cuits.

DRESSAGE

● Dresser harmonieusement les médaillons de lotte entourés des fruits et des oignons.

● Napper de la sauce bouillante.

A SAVOIR

Le cari ou cary, en anglais curry, est un mélange d'épices d'origine indienne composé en principe de coriandre, cumin, girofle, gingembre, muscade, tamarin, cannelle, graine de moutarde, etc.

thon blanc aux mange-tout

Temps de cuisson : 1 heure

Ingrédients *pour* *4 personnes*	1 tranche de thon de 600 g 150 g de haricots mange-tout dits craquants 8 cl de vinaigre de vin Huile d'arachide 1 oignon, 2 clous de girofle 5 gousses d'ail Thym, laurier, basilic et estragon Sel et poivre en grains

MISE EN PLACE

● Demander à votre poissonnier de vous couper une belle rouelle (tranche) prise dans le milieu du thon. La piquer à l'ail sur chaque côté de l'arête centrale.

● Mariner 1 heure au gros sel et au poivre en grains concassés.

CUISSON

● Ranger le thon dans une casserole peu large mais suffisamment haute pour le recouvrir d'huile d'arachide.

● Remplir les interstices avec la garniture, soit : l'oignon piqué des 2 clous de girofle, les 4 gousses d'ail en chemise, une petite feuille de laurier et une branche de thym.

● Chauffer pour amener à 100° et laisser cuire sur le coin du feu 1 heure environ. Retirer et laisser tiédir.

● Cuire les craquants à l'eau bouillante salée, les rafraîchir au plus vite.

FINITION

● Mettre du sel et du poivre du moulin dans un saladier. Ajouter le vinaigre de vin et le mélanger avec l'équivalent d'huile de cuisson tiède.

● Retirer le thon de la casserole. À l'aide d'un couteau, le tailler en fines tranches afin de garnir le fond de 4 grandes assiettes.

● Intercaler les haricots, parsemer d'estragon et de basilic concassés.

● Napper de la sauce tiède et servir.

PRATIQUE !

On peut conserver le thon quelque temps dans son huile et au frais. L'utiliser alors comme du thon en conserve.

thon cru dans sa sauce yaourt

Ingrédients	480 g net de thon rouge
pour	400 g de yaourt
4 personnes	1/2 citron
	Ciboulette
	Sel et poivre

MISE EN PLACE

● A l'aide d'un couteau à lame souple, couper dans les filets de thon de petites lamelles fines. S'assurer qu'il ne reste ni peau ni limon. Les déposer sur 4 grandes assiettes très froides et les saler légèrement. Tenir au frais.

● Verser le yaourt dans un saladier et l'assaisonner de sel, de poivre et de quelques gouttes de jus de citron. Fouetter vivement pour obtenir une sauce onctueuse.

● Ciseler la ciboulette au couteau juste avant l'emploi.

SERVICE

● Répartir la sauce sur les 4 assiettes de thon en formant un décor selon votre goût. Parsemer de ciboulette.

● Déguster immédiatement, accompagné de larges tranches de pain de campagne grillées.

REMARQUE

Ce plat, très léger, fait un clin d'œil à la diététique.

filets de maquereau fine bouche

Temps de cuisson : 6 minutes

Ingrédients *pour* *4 personnes*	4 maquereaux 2 carottes 2 oignons moyens 2 oranges 6 cl de vinaigre de vin rouge 8 cl de vin blanc très sec 1 branche de thym 1 feuille de laurier 1 poignée de persil 1 petit bouquet garni Gros sel et poivre concassé

MISE EN PLACE

Les maquereaux

● Les vider et les laver. Avec un couteau souple, lever les 8 filets en longeant l'arête centrale.

● Les assaisonner de gros sel et de poivre concassé et les laisser mariner 3 heures au frais.

Le fumet

● Concasser les arêtes, les mettre dans une casserole et les recouvrir d'eau à mi-hauteur. Ajouter les parures d'oignons et un petit bouquet garni.

● Laisser cuire 20 minutes et passer le fumet au chinois.

La garniture

● Éplucher les carottes. Les canneler et les couper en rondelles.

● Tailler les oignons en rondelles et détacher les anneaux.

● Réserver le zeste d'une orange. La peler à vif et la détailler en 8 tranches. Presser l'autre.

117

CUISSON

● Mettre à cuire à l'eau salée carottes et oignons pendant 5 minutes.

● Disposer les filets de maquereau dans un plat à feu en prenant soin de ne pas les faire chevaucher.

● Recouvrir du thym, du laurier, du vinaigre, du vin blanc, du fumet, du jus d'orange et de la garniture.

● Déposer dessus un papier aluminium, porter à ébullition 1 minute et laisser se terminer la cuisson hors du feu.

SERVICE

● Disposer 2 filets de maquereau dans chaque assiette.

● Répartir harmonieusement la garniture et la cuisson.

TROIS VARIANTES

Ce plat peut se déguster à différentes températures :
— froid avec le bouillon de cuisson pris en gelée, il est rafraîchissant ;
— tiède, les différents parfums ressortent à la dégustation ;
— chaud, il est odorant et réconfortant.

rouelle de bonite aux câpres

Temps de cuisson : 45 minutes

Ingrédients	1 tranche de bonite d'environ 700 g
pour	600 g d'oignons
4 personnes	5 cl d'huile d'olive
	2 cl de vinaigre de vin
	30 câpres
	1 pincée de cumin
	1 bouquet abondamment garni
	Sucre, sel et poivre

MISE EN PLACE

● S'assurer que la peau du poisson est écaillée. Le laver, l'essuyer et l'assaisonner en sel et poivre.

● Peler les oignons, les couper en quatre, retirer le talon et les effeuiller à la main.

CUISSON

● Chauffer l'huile dans une cocotte, en fonte de préférence, ajouter les oignons et le bouquet garni. Cuire à couvert et à feu doux pendant 25 minutes. Agiter le récipient en cours de cuisson, les oignons doivent cuire dans leur eau de végétation sans rissoler.

● Enfouir alors la rouelle de bonite à l'intérieur des oignons, verser dessus le vinaigre bouillant et légèrement sucré, saler et poivrer.

● Cuire à couvert 20 minutes en retournant la tranche à mi-cuisson.

FINITION

● Dresser le poisson sur un plat de service après avoir retiré la peau. Entourer de la garniture d'oignons.

● Parsemer de câpres et de cumin, arroser légèrement d'huile d'olive et servir.

filets de maquereau
aux groseilles à maquereau

Temps de cuisson : 6 minutes

Ingrédients pour 4 personnes	
	4 maquereaux de ligne de 240 g pièce
	200 g de groseilles à maquereau
	100 g de beurre
	Estragon
	Sel et poivre
	Farine à poisson

MISE EN PLACE

● Demander à votre poissonnier de vous préparer les maquereaux en filets après avoir retiré les arêtes intérieures. A intervalles réguliers, pratiquer 4 petites incisions dans la peau.

● Saler, poivrer et fariner.

CUISSON

● Dans une poêle à poisson, cuire les filets dans le beurre noisette, côté peau d'abord. Compter 3 minutes sur chaque face. Les déposer dans le plat de service.

● Jeter les baies de groseilles dans le beurre de cuisson, laisser mijoter et ajouter l'estragon en feuilles.

SERVICE

Présenter à même le plat de service ou sur 4 assiettes chaudes, en répartissant harmonieusement les baies.

MARCHÉ

Comme la culture des groseilles à maquereau est devenue rare, on peut les remplacer par des groseilles rouges.
Par ailleurs, cette recette peut être réalisée avec d'autres variétés de poissons comme le hareng frais, que nous recommandons alors de cuire entier.

blanc de turbot
aux zestes de citron saumuré

Temps de cuisson : 2 minutes

Ingrédients *pour* *4 personnes*	600 g de filets de turbot 20 g de beurre 15 cl de crème 2 échalotes 5 cl de vin blanc 2 citrons saumurés (voir en fin de recette) Jus de citron Farine Sel et poivre

MISE EN PLACE

● Retirer le zeste des citrons, c'est-à-dire la peau jaune et la détailler en fine julienne. Ne pas conserver la pulpe qui est trop salée.

● Détailler les filets de turbot en bâtonnets de 4 cm de longueur. En prévoir 10 par personne. Les assaisonner et fariner.

● Hacher l'échalote.

CUISSON

● Poêler le poisson au beurre noisette environ 2 minutes. Retirer et réserver au chaud.

● Mettre les échalotes et les zestes à suer dans le beurre de cuisson. Déglacer au vin blanc, laisser réduire et ajouter la crème. Amener à liaison et rectifier l'assaisonnement.

SERVICE

Sur assiettes, dresser les bâtonnets en fagots et napper de la sauce. Parsemer de zestes de citron.

CITRON SAUMURÉ

Il faut en prévoir la préparation longtemps à l'avance.

● Couper les citrons en 8 quartiers sur la hauteur, retirer les pépins et les ranger dans un bocal en verre. Les recouvrir d'une poignée de gros sel et d'eau.

● Les garder au froid au moins 2 mois avant de les utiliser.

Les habitants de l'Inde utilisent cette préparation comme condiment.

sifflets de sole « tousimple »

Temps de cuisson : 30 secondes

Ingrédients pour 4 personnes	2 soles filets de 500 g
	220 g de haricots verts
	2 tomates
	6 cl de vinaigre de vin
	4 cl de vinaigre d'alcool
	12 cl d'huile d'olive
	Sel et poivre

MISE EN PLACE

● Lever les filets de sole. Les découper en sifflets étroits de 8 cm de longueur et les assaisonner de sel et poivre.

● Cuire les haricots craquants avec les précautions d'usage à la cuisson des légumes verts, soit : eau bouillante salée à raison de 10 g par litre ; maintenir l'ébullition rapide, cuire à découvert et rafraîchir instantanément en transvasant les haricots à l'aide d'une écumoire dans un récipient d'eau froide glacée.

● Émonder les tomates, les épépiner et les couper en petits dés réguliers. Les assaisonner de sel et poivre.

LA SAUCE

Dans un bol, mélanger dans l'ordre : tomates, sel, poivre, vinaigre de vin et huile d'olive. Réserver dans un endroit tempéré.

FINITION

● Dans une casserole large et plate, amener 1 l d'eau salée et le vinaigre d'alcool à ébullition. Une minute avant de servir, y plonger les filets de sole. Cuire 30 secondes.

● Ajouter les haricots verts déjà cuits pendant quelques secondes et égoutter le tout dans une passoire.

● Présenter l'ensemble dans un plat creux et chaud en recouvrant de la sauce. Servir aussitôt.

ASTUCE

Pour donner un autre « look » à ce plat, on peut remplacer le vinaigre de vin par du jus de citron ou ajouter des herbes de saison.

filets de barbue à la feuille de laitue

Temps de cuisson : 15 minutes

Ingrédients pour 4 personnes	
Ingrédients	1 barbue de 1,3 kg
pour	6 jeunes laitues
4 personnes	1 carotte
	1 oignon moyen
	1 branche de céleri
	40 g de beurre
	Sel et poivre

MISE EN PLACE

La barbue

● Faire lever les filets et retirer la peau par votre poissonnier.

● Concasser la tête et l'arête pour préparer un fumet très court.

Les légumes

● Retirer les feuilles extérieures, trop vertes, des laitues, séparer les autres du trognon et les laver. Les blanchir à grande eau 1 minute, rafraîchir rapidement, les égoutter et les laver.

● Tailler oignon, carotte et céleri en fine brunoise.

CUISSON

● Faire fondre 20 g de beurre dans une sauteuse, ajouter la brunoise, la laisser suer sans coloration, mouiller avec 10 cl de fumet et amener à ébullition. Ajouter la laitue légèrement salée et cuire 5 minutes.

● Assaisonner les filets, les déposer sur la laitue, côté intérieur sur le dessus, puis cuire à feux doux et à couvert pendant 10 minutes.

FINITION

● Retirer la barbue. Égoutter les laitues au maximum et les déposer sur le plat de service.

● Monter le fond de cuisson avec le reste de beurre, sur feu très vif. Vérifier l'assaisonnement.

● Répartir les filets sur la salade et napper de la sauce.

REMARQUE

La barbue est un poisson plat qui supplée souvent au turbot. Malgré leur analogie d'aspect, on la reconnaît à sa chair plus friable.

filets de limande « latina »

Temps de cuisson : 90 secondes

Ingrédients *pour* *4 personnes*	600 g de filets de limande 3 pommes de terre 250 g de beurre 2 citrons Coriandre Sel et poivre

MISE EN PLACE

● Couper les filets de limande en deux sur la longueur, puis les dédoubler sur l'épaisseur de façon à obtenir 10 à 12 filets amincis par personne. Les assaisonner en sel et poivre et les passer « aller et retour » dans le beurre fondu. Les placer ensuite sur une plaque allant au four et incruster dans la chair de chacun 4 grains de coriandre.

● Couper les pommes de terre en petits cubes.

PRÉPARATION DES ASSIETTES ET CUISSON

● Chauffer, plus que de coutume, 4 grandes assiettes plates. Garnir chacune du jus d'un demi-citron, de 50 g de beurre préalablement ramolli, de sel et de poivre moulu. Remuer rapidement à l'aide d'une fourchette pour lier ce mélange.

● Pendant cette opération, placer le poisson sous le gril (que les cuisiniers appellent salamandre) pendant 90 secondes.

DRESSAGE

Disposer les filets de poisson cuits en étoile dans chaque assiette, puis garnir le centre des pommes de terre. Servir aussitôt.

PRÉCAUTIONS

Il est recommandé de se munir d'un chronomètre afin de respecter rigoureusement le temps de cuisson, et de se faire aider pour lier le beurre dans les assiettes car l'opération est très rapide.

cannelage de soles et lasagnes

Temps de cuisson : 3 minutes pour les soles

Ingrédients pour 4 personnes	2 soles de 500 g 2 rectangles de lasagnes rouges à la tomate (10 × 20 cm) 2 rectangles de lasagnes vertes aux épinards (10 × 20 cm) 1 kg de tomates 30 g de beurre 1 oignon Fumet de poisson (p. 21) 25 cl de sauce vin blanc : réduction d'échalotes, vin blanc et crème Sel et poivre

MISE EN PLACE

● Lever les filets et les découper en trois sur la longueur afin d'obtenir 24 lanières de 16 cm environ de longueur.

● Émonder les tomates, les épépiner et les couper en petits dés.

● Cuire les lasagnes 6 minutes à l'eau bouillante salée et couper 28 bandes de 20 cm de longueur sur 1,5 cm de largeur.

● Découper des rectangles de 16 cm sur 20 cm dans un carton et les recouvrir de papier argent (socles rigides pour cuire les cannelages).

PRÉPARATION

● Beurrer les supports cartonnés.

● Confectionner le cannelage en entrelaçant dans un sens les filets de sole préalablement assaisonnés, et dans l'autre les lasagnes dont on intercale les couleurs ; soit 6 filets de sole dans un sens et 7 lanières de pâtes dans l'autre.

LA SAUCE

Dans une sauteuse, faire suer au beurre l'oignon haché, ajouter la tomate concassée et cuire 10 minutes. Joindre la sauce vin blanc, ramener à ébullition et s'assurer de l'assaisonnement en sel et poivre.

CUISSON

Sur une grande plaque, installer les 4 socles, arroser très légèrement de fumet de poisson. Enfourner à 250° pendant 3 minutes.

DRESSAGE

● Répartir la sauce sur 4 grandes assiettes chaudes. Pencher légèrement chaque carton pour éliminer le liquide et les déposer délicatement sur la sauce.

● Servir aussitôt.

MARCHÉ

Afin de faciliter la réalisation de cette recette, il est tout à fait pratique de commander les lasagnes chez votre marchand de pâtes fraîches.
Cette recette peut d'ailleurs être réalisée avec des lasagnes blanches. La présentation en sera seulement un peu moins colorée.

galet de saumon
dans sa peau croustillante

Temps de cuisson : 4 minutes

Ingrédients
pour
4 personnes

440 g de filet pris à la hauteur du ventre d'un saumon
  de taille moyenne
La peau écaillée du poisson
1 citron
8 cl d'huile blanche
Gros sel
Sel fin et poivre

LE SAUMON

● Découper le filet de saumon en 8 tranches. Les accoler deux par deux, tête bêche, pour former des ovales réguliers. Assaisonner de sel et de poivre, puis ajouter le jus de citron. Laisser imprégner cet assaisonnement pendant environ 30 minutes.

● Découper la peau en 20 lanières de 15 cm de longueur sur 2 cm de largeur. Entourer chaque galet de 6 lanières parallèles de façon à l'envelopper entièrement.

CUISSON

Chauffer l'huile dans une poêle et y déposer le saumon. Cuire à feu très vif, 2 minutes sur chaque face. La peau doit devenir très croustillante.

SERVICE

● Déposer les tranches sur du papier absorbant pour retirer l'excédent de gras. Les dresser individuellement à l'assiette, assaisonnées de quelques grains de gros sel et d'un tour de moulin à poivre.

● Accompagner de la sauce à l'anchois aux olives (p. 32) ou tout simplement de beurre frais.

IDÉES

L'originalité de ce plat vient de la peau du poisson qui agrémente tant par son parfum que par sa consistance qui contraste avec celle de la chair fondante.

rillette de saumon à l'anguille fumée

Temps de cuisson : 15 minutes

Ingrédients *pour* *4 personnes*	250 g de saumon frais 150 g d'anguille fumée 1 jaune d'œuf 125 g de beurre 1 cuillerée de crème 1 citron 30 câpres Vinaigre de vin Cerfeuil Sel et poivre
	Le court-bouillon 20 cl de vin blanc sec 5 cl de vinaigre d'alcool Thym Laurier Sel Poivre en grain écrasé

PRÉPARATION

● Réunir dans une casserole les éléments du court-bouillon, soit le vin blanc, le vinaigre, le thym, le laurier, le sel et le poivre écrasé. Ajouter l'équivalent d'eau et cuire 10 minutes. Laisser tiédir. Y placer la chair de saumon et pocher 5 minutes à petit frémissement. Retirer du feu.

● Dans un saladier, ramollir le beurre en le fouettant, lui ajouter le jaune d'œuf, la crème, le jus de citron, le cerfeuil et les câpres.

● Ôter le poisson du court-bouillon et l'effilocher légèrement à l'aide d'une fourchette.

● Retirer la peau de l'anguille et couper la chair en petits dés.

● Rassembler le tout dans le saladier et mélanger à la spatule. Compléter l'assaisonnement de quelques gouttes de vinaigre, de sel et de poivre.

FINITION

Tasser la rillette à l'intérieur d'une terrine et réserver au froid.

SUGGESTIONS

Cette rillette est à déguster avec du pain de campagne grillé. On peut également l'employer en petits toasts à l'apéritif ; dans ce cas, décorer d'un quartier de citron pelé à vif. Nous vous recommandons de la consommer dans les 2 jours qui suivent sa préparation.

ventre de saumon
comme au bon temps du « patron »

Temps de cuisson : 4 minutes

Ingrédients *pour* *4 personnes*	560 g de saumon frais dans la partie ventrale 4 cl de vinaigre de xérès 12 cl d'huile de noisette Ciboulette Poivre concassé (mignonnette) Sel

MISE EN PLACE

La partie plate du ventre du saumon, plus souple et plus grasse, convient parfaitement à cette recette.

● Tailler dedans 4 pièces égales d'environ 140 g. Retirer la partie brune qui se trouve entre la peau et la chair.

● Saler légèrement et, en faisant pression avec les doigts, incruster les grains de poivre concassés dans la chair.

LA SAUCE

Dans un bol, mélanger au fouet le vinaigre de xérès et l'huile de noisette. Réserver dans un endroit tempéré.

CUISSON

Placer le saumon sur la grille d'une couscoussière. Amener à ébullition et cuire 3 à 4 minutes.

PRÉSENTATION

● Retirer les pièces de poisson et les placer sur 4 assiettes chaudes. Napper de la sauce tiède.

● Ajouter la ciboulette hachée à la dernière seconde. Il faut procéder rapidement pour conserver la chaleur à l'ensemble.

A SAVOIR

Avec un saumon de 3 ou 4 kg, on obtient le poids nécessaire dans la partie désirée, pour 4 personnes.
Depuis quelques années, la cuisson sous vide, dont M. Georges Pralus est le grand prêtre, a vu le jour. Cette recette convient bien à ce nouveau genre de cuisson.
Jean-Baptiste Troisgros, dit le « Patron », préférait la partie ventrale du saumon. Il la surnommait d'ailleurs le « pot-au-feu ».

saumonade

Temps de cuisson : 3 minutes

Ingrédients pour 4 personnes	560 g de filets de saumon frais 50 g d'œufs de saumon salés 120 g de beurre 1/2 citron Sel et poivre

MISE EN PLACE

Le saumon

Le détailler en 8 pavés égaux de 70 g et retirer les petites arêtes (à l'aide d'une pince) qui pourraient se trouver dans la chair. Assaisonner.

Le beurre

● Dans un petit plat creux, découper 100 g en petits morceaux. Ramollir à la spatule. Incorporer un bon tour de moulin à poivre et le jus du demi-citron. Lorsqu'il est en pommade, lui joindre les œufs de saumon. Ne pas saler.

● L'enfermer dans un papier aluminium en formant un boudin de 5 cm de diamètre. Le réserver 1 heure au réfrigérateur.

CUISSON

Cuire le saumon dans une poêle en Téflon avec une noisette de beurre. Il doit être légèrement sous-cuit pour garder son moelleux. 3 minutes suffisent.

SERVICE

● Découper le beurre en 8 rondelles égales. Placer 2 pavés par assiette chaude et les surmonter d'une de ces rondelles. Elles doivent fondre progressivement pour assurer l'assaisonnement.

● On peut accompagner de légumes à l'anglaise tels que brocolis, courgettes, haricots verts, etc.

MARCHÉ

On trouve les œufs de saumon, dénommés « caviar rouge », dans les épiceries de luxe. Ils plaisent aux amateurs d'amertume.

escalope de saumon
à l'oseille « troisgros » (replay)

Temps de cuisson : 40 secondes pour le saumon
10 minutes pour la sauce

Ingrédients pour 4 personnes	
	900 g de saumon frais
	40 cl de crème double
	4 cl de vermouth
	Fumet de poisson (p. 21)
	8 cl de sancerre
	80 g d'oseille fraîche
	2 échalotes
	40 g de beurre
	1 verre d'huile d'arachide
	1/2 citron
	Sel et poivre

MISE EN PLACE

Le saumon

● Choisir un morceau en plein corps du poisson. Avec un couteau à lame flexible, lever les deux filets.

● A l'aide d'une pince, les débarrasser des petites arêtes qui se trouvent dans le milieu de la chair et que l'on sent sous les doigts en remontant à contresens. Les dédoubler sur l'épaisseur et les détailler en 4 escalopes de 140 g.

● Les glisser entre deux feuilles de papier sulfurisé huilé et, à l'aide d'une batte, les aplatir délicatement. Ceci a pour but d'égaliser l'épaisseur.

L'oseille

● L'équeuter en tirant de bas en haut pour supprimer les nervures.

● La laver et déchirer les plus grandes feuilles en deux ou trois.

● Hacher *l'échalote.*

139

LA SAUCE

● Grouper le fumet, le vin blanc, le vermouth et l'échalote dans une sauteuse. Mettre au feu et laisser réduire presque à glace, c'est-à-dire que le liquide restant devient sirupeux et brillant. Ajouter la crème et laisser bouillir jusqu'à ce que la sauce devienne légèrement liée. Jeter l'oseille dedans pendant 25 secondes, retirer du feu, et en donnant un mouvement à la casserole incorporer le beurre en petites noisettes (ne pas se servir d'un fouet qui briserait les feuilles d'oseille).

● Compléter l'assaisonnement de quelques gouttes de citron, de sel et de poivre.

CUISSON

● Faire chauffer une grande poêle, à sec si elle est en Téflon, ou avec très peu d'huile si c'est une poêle classique.

● Assaisonner les escalopes de sel et poivre sur le côté le moins présentable et les poser dans la poêle, la partie assaisonnée sur le dessus. Les laisser 25 secondes, les retourner et les cuire 15 secondes sur l'autre face. Il faut que le saumon soit sous-cuit pour conserver son moelleux.

DRESSAGE

● Répartir la sauce au fond de 4 grandes assiettes chaudes.

● Poser dessus les escalopes après avoir éponge l'excédent de matière grasse à l'aide d'un linge.

● Parsemer légèrement de sel fin la partie non assaisonnée qui se présente sur le dessus.

IMPORTANT

Ce plat ne souffre pas d'attendre et doit être préparé au dernier moment.

HISTORIQUE

Nous avons cru bon de rééditer ce plat, né il y a quelques années déjà, qui fait désormais partie du patrimoine de notre maison et de la cuisine française.

A l'époque, nous avions remarqué que nos clients trouvaient la chair du saumon un peu sèche. Or à la suite de vacances passées au Pays basque, nous savions que ce poisson pouvait être moelleux. Il fallait pour cela le sous-cuire, chose alors difficile à faire accepter. De là est venue l'idée de l'escaloper et de le poêler rapidement. Le procédé a ensuite été amélioré grâce au revêtement en Téflon qui nous a permis de supprimer l'usage de l'huile, néfaste pour ce poisson suffisamment gras. Il ne nous restait plus qu'à trouver une sauce d'accompagnement. Nous l'avons choisie à base de vin blanc et vermouth et agrémentée d'oseille que l'on jette quelques instants avant de servir dans la sauce chaude car son acidité apporte un contraste très agréable.

Ainsi a été élaborée cette recette simple mais savoureuse, semble-t-il, puisqu'elle connaît le succès depuis vingt-cinq ans déjà.

langouste pochée à la fondue de tomates et frisons de concombre

Temps de cuisson : 15 minutes

Ingrédients *pour* *4 personnes*	4 langoustes vivantes de 450 g environ 1 petit concombre 4 tomates bien mûres 1 oignon 1/2 citron 250 g de beurre 10 cl de vinaigre d'alcool 1 gros bouquet garni Persil Sel et poivre mignonnette

MISE EN PLACE

Les langoustes

● Réunir le vinaigre, le bouquet garni et le poivre en grains écrasés dans une casserole plutôt haute que large. Ajouter suffisamment d'eau pour recouvrir les crustacés.

● Plonger les langoustes dans le liquide en ébullition. Compter 15 minutes de cuisson à couvert. Retirer la casserole du feu pendant une vingtaine de minute.

Les tomates

● Les émonder, les épépiner et les concasser.

● Dans une casserole, faire suer l'oignon haché au beurre, ajouter la tomate, cuire 15 minutes environ, puis s'assurer de l'assaisonnement et réserver.

Le concombre

L'éplucher, retirer les extrémités et, à l'aide d'un couteau à lame fine, couper sur la longueur des tranches régulières de 2 à 3 cm d'épaisseur. Tailler en julienne.

Le beurre

● Récupérer 20 cl de cuisson dans une casserole, laisser réduire de moitié et, à feu vif, incorporer le beurre en petites parcelles en fouettant énergiquement jusqu'à obtention d'une sauce liée.

● Rectifier l'assaisonnement et ajouter le jus de citron.

DRESSAGE

● Fendre les langoustes en deux. Retirer l'estomac et les intestins. Poser ces moitiés dans un grand plat de service ou sur 4 grandes assiettes, côté ouvert dessus.

● Garnir le coffre avec la tomate et répartir les frisons de concombres. Napper avec le beurre monté et parsemer de feuilles de persil frisé, bien vert.

queues d'écrevisses en escabèche

Temps de cuisson : 10 minutes

Ingrédients	2 kg d'écrevisses vivantes
pour	100 g d'oignons
4 personnes	1 carotte de 50 g
	1 branche de céleri
	250 g de tomates fraîches
	2 gousses d'ail
	20 cl de vin blanc
	8 cl de vinaigre de vin rouge
	15 cl d'huile d'olive
	1 bouquet garni
	Sel et poivre

MISE EN PLACE

Les écrevisses

● Les laver et les cuire 3 minutes dans 0,75 l d'eau, en petite quantité et en plusieurs fois.

● Réserver le liquide de cuisson et décortiquer les queues.

Le bouillon

● Piler les coffres et les faire revenir dans une casserole avec 3 cl d'huile. Ajouter l'ail et le bouquet garni. Déglacer au vinaigre puis au vin blanc.

● Mouiller avec la cuisson des écrevisses.

● Cuire 10 minutes et passer ce bouillon au chinois fin.

La sauce

● Émonder et épépiner les tomates.

● Tailler en brunoise la carotte, l'oignon, le céleri et la faire suer avec 3 cl d'huile. Ajouter la tomate fraîche concassée, mouiller du bouillon d'écrevisses et laisser cuire 8 minutes.

- Verser l'ensemble dans le mixeur et monter avec le solde d'huile. La sauce va blanchir et légèrement se lier.

- Rectifier l'assaisonnement.

SERVICE

- Incorporer les queues d'écrevisses dans la sauce. Laisser mijoter quelques secondes, sans ébullition.

- Servir aussitôt.

NOTA BENE

Nous nous sommes inspirés de l'escabèche, préparation relevée que les Espagnols affectionnent particulièrement.

queues de langoustines aux fleurs de courgettes farcies

Temps de cuisson : 5 minutes pour les fleurs
2 minutes pour les langoustines

Ingrédients *pour* *4 personnes*	80 langoustines vivantes 8 fleurs de courgettes 2 courgettes moyennes 40 cl de crème fraîche 60 g de carottes 1 oignon 30 g de blancs de poireaux 1 branche de céleri 1/2 gousse d'ail 5 cl de vin blanc 10 cl de fumet de poisson (p. 21) 5 cl d'huile d'olive 1 pincée de safran Basilic Sel et poivre

MISE EN PLACE

Les fleurs de courgettes

● Les choisir bien ouvertes, retirer le pistil et les rincer.

● Parallèlement, tailler les courgettes en rondelles, les sauter vivement à l'huile d'olive, puis les égoutter sur un papier absorbant et les hacher moyennement.

● Dans une sauteuse, faire réduire 15 cl de crème fraîche, y ajouter la purée de courgettes, l'ail et le basilic haché. Assaisonner.

● Lorsque cet appareil est froid, à l'aide d'une poche à pâtisserie munie d'une douille garnir l'intérieur des fleurs et rabattre les pétales pour enfermer la farce.

● Réserver au frais.

Les langoustines

● Les jeter dans une casserole d'eau bouillante salée et les laisser cuire 2 minutes à couvert.

● Les égoutter et décortiquer les queues.

LA SAUCE

● Tailler oignon, poireaux, carottes, céleri en brunoise.

● Faire suer à l'huile d'olive, ajouter le safran et mouiller avec le vin blanc puis le fumet de poisson. Laisser réduire de moitié et ajouter ce qui reste de crème fraîche.

● Faire réduire jusqu'à consistance onctueuse et s'assurer de l'assaisonnement.

FINITION

● Poser les fleurs de courgettes dans une marmite à vapeur et les cuire 5 minutes.

● Joindre les queues de langoustines à la sauce et les faire mijoter sans ébullition.

PRÉSENTATION

● Ranger les fleurs de courgettes dans des assiettes chaudes et déposer harmonieusement les langoustines autour.

● Napper de la sauce.

HISTOIRE NATURELLE

La fleur mâle ne produit pas de légume. On utilise donc la fleur femelle lorsque apparaît le bébé courgette.

gratin de pinces de crabes dormeurs

Temps de cuisson : 30 minutes

Ingrédients	4 tourteaux de 700 g
pour	10 cl de vin blanc
4 personnes	20 cl de fumet de poisson (p. 21)
	1 échalote
	2 tomates
	2 œufs
	100 g de beurre
	20 cl de crème
	Sel et poivre

MISE EN PLACE

Les crabes

● Choisir des femelles vivantes et lourdes, les pocher 12 minutes dans un court-bouillon très relevé puis laisser refroidir légèrement. Détacher les pinces et les pattes. Les briser, récupérer la chair qu'elles contiennent ainsi que celle qui se trouve dans les alvéoles cartilagineuses du coffre.

● Cuire les tomates, légèrement salées, dans une petite casserole pendant 20 minutes. Les passer ensuite au tamis fin et réserver.

La sauce

● Monter les jaunes et 200 g de beurre en hollandaise.

● Grouper le fumet, le vin blanc et l'échalote hachée dans une sauteuse. Mettre sur le feu et réduire presque à glace. Ajouter la crème, le coulis de tomate et laisser réduire jusqu'à ce que la sauce devienne légèrement liée.

● Retirer du feu et joindre la sauce hollandaise.

● S'assurer de l'assaisonnement en forçant sur le poivre.

DRESSAGE

● Répartir la chair de crabe tiède dans 4 petites assiettes creuses.

● Napper de la sauce et passer au gril pour obtenir un beau glaçage doré.

● Servir aussitôt.

DÉRIVÉ

On peut évidemment remplacer le crabe par du homard, de la langoustine ou des écrevisses. Dans ce cas, il faut prévoir environ 80 g de chair par personne.

rouleaux d'araignée de mer « atlantide »

Temps de cuisson : 3 minutes

Ingrédients
pour
4 personnes

4 pièces d'araignée de mer
80 crevettes grises
10 cl de crème
2 blancs d'œufs
Cerfeuil
Sel et poivre

La sauce
5 cl de vin blanc
3 cl de porto
3 cl de cognac
70 cl de crème
2 échalotes
1 carotte
1 cuillerée de tomate concentrée
1 bouquet garni
Sel et poivre

MISE EN PLACE

Les araignées

● Les cuire 15 minutes dans un court-bouillon bien relevé. Les retirer et décortiquer la chair des pinces ainsi que des coffres, en prenant soin de ne pas laisser de cartilage. Effilocher la chair à l'aide d'une fourchette.

● La placer dans un bol, ajouter la crème et les blancs d'œufs. Assaisonner en sel et poivre et mélanger à la spatule.

Les rouleaux

Découper 8 rectangles de papier aluminium, de 8 cm sur 8 et les beurrer. Y répartir l'appareil en lui donnant une forme longiligne. Rabattre le papier pour fermer les rouleaux et pincer les extrémités comme une papillote.

LA SAUCE

● Piler les carcasses et les faire revenir au beurre dans une casserole, à feu vif. Ajouter l'échalote et la carotte taillée en mirepoix.

● Déglacer au cognac, vin blanc et porto, puis réduire. Joindre la tomate concentrée, le bouquet garni et la crème.

● Cuire à petit feu pendant 15 minutes.

● Passer au chinois fin, assaisonner et réserver au chaud.

CUISSON

Pocher les rouleaux dans une casserole d'eau frémissante durant 3 minutes. Les retirer et les réserver.

DRESSAGE

● Retirer le papier aluminium et déposer 2 rouleaux par assiette.

● Aligner les crevettes sur chacun d'eux et napper de la sauce chaude.

● Décorer avec les pluches de cerfeuil et servir de suite.

coquilles saint-jacques en « autosatisfaction »

Temps de cuisson : 8 minutes

Ingrédients *pour* *4 personnes*	3,6 kg de coquilles Saint-Jacques vivantes 150 g de cristes-marines (facultatif, voir en fin de recette) 10 cl de vin blanc 1 échalote 150 g de beurre Citron Sel et poivre

MISE EN PLACE

● Choisir des Saint-Jacques lourdes à la main et bien fermées, deux indices de fraîcheur.

● Insérer la lame d'un petit couteau et détacher d'abord la partie plate supérieure. La coquille ainsi ouverte, retirer la chair en passant dessous une cuillère. Séparer la noix, le corail et la barbe qui l'entoure. Laver. Prendre soin de ne garder que la partie frisée des barbes et les frotter au gros sel pour retirer le sable.

● Brosser et laver la partie concave de 8 coquilles vides. Les réserver au chaud jusqu'à l'utilisation.

● Cuire les cristes-marines à grande eau salée et les rafraîchir au plus vite.

SAUCE ET CUISSON

● Dans une casserole, joindre les barbes, le vin blanc et l'échalote. Faire suer à feu doux 5 minutes, puis monter peu à peu au beurre en fouettant vivement.

● Passer la sauce au chinois fin sur les noix et les coraux.

● Mettre à pocher sans ébullition sur le coin du feu pendant 3 minutes.

FINITION

● En fin de cuisson, ajouter les cristes-marines. La chaleur de la sauce suffira à les réchauffer. S'assurer de l'assaisonnement en sel, poivre et jus de citron.

● Répartir les noix et les coraux dans les coquilles.

● Recouvrir des cristes-marines et de la sauce.

● Présenter sur des algues chaudes.

POUR VOTRE GOUVERNE

L'originalité de cette recette vient de l'utilisation des barbes qui donnent à la sauce un goût sucré, doux et naturel.
Tous les produits utilisés proviennent donc du milieu marin, d'où l'appellation en « autosatisfaction ».
La criste-marine, appelée également perce-pierre, se récolte en bord de mer dans les fentes rocheuses. Elle est riche en iode, et tout en parfumant ce plat, le colore.

calmars aux spirales

Temps de cuisson : 10 minutes

Ingrédients	600 g de calmars
pour	100 g de pâtes dites « spirales »
4 personnes	4 carottes moyennes
	1 oignon
	1 gousse d'ail
	2 cl de cognac
	4 cl de vin blanc
	25 cl de crème fraîche
	1 cuillerée de tomate concentrée
	Huile d'olive
	1 bouquet garni
	Sel et poivre

MISE EN PLACE

● Séparer la poche de la tête des calmars. Éliminer les yeux et la bouche pour ne garder que les tentacules. Ouvrir la poche sur la longueur et nettoyer à grande eau en retirant la pellicule qui la recouvre. La découper en carrés de 2 cm sur 2. Émincer les tentacules.

● Tailler les carottes et l'oignon en brunoise, préparer le bouquet garni et la gousse d'ail hachée.

CUISSON

● Dans une casserole, faire suer 3 minutes la garniture à l'huile d'olive et ajouter le calmar. Déglacer au cognac puis au vin blanc et joindre la tomate concentrée. Laisser cuire 30 secondes, incorporer la crème, amener à ébullition et laisser mijoter 3 minutes. Au terme de la cuisson, retirer le bouquet garni et rectifier l'assaisonnement. Réserver au chaud.

● Parallèlement cuire les pâtes à l'eau salée. Arrêter la cuisson par un verre d'eau froide, les égoutter dans une passoire.

● Les mélanger aux calmars, s'assurer de l'assaisonnement et servir sur assiettes creuses.

A SAVOIR

Dans le commerce vous trouverez le calmar sous d'autres appellations : encornet, chipiron ou calamar.

huîtres tièdes au vinaigre d'échalote et radis noir

Temps de cuisson : 20 secondes

Ingrédients *pour* *4 personnes*	32 huîtres portugaises 1 radis noir 2 échalotes 4 cl de vinaigre de vin vieux Cerfeuil 160 g de beurre Sel et poivre

MISE EN PLACE

● Ouvrir les huîtres, détacher la chair et la faire tomber dans un récipient avec son eau de mer, en prenant soin de retenir les corps étrangers.

● Placer les coquilles vides dans une plaque allant au four.

● A l'aide d'une mousseline, passer l'eau de mer dans une petite casserole.

● Éplucher le radis et le tailler en julienne de 4 cm de longueur.

● Hacher l'échalote.

LA SAUCE

● Mettre à bouillir l'eau de mer avec le beurre coupé en petites parcelles. Monter à plein feu au fouet pour le lier.

● Par ailleurs, faire tiédir le vinaigre additionné des échalotes hachées et de la julienne de radis noir.

● Mélanger l'ensemble.

SERVICE

Déposer chaque huître dans une coquille et les réchauffer au gril. Napper de la sauce et décorer d'une fane de cerfeuil.

ASTUCE

Nous vous recommandons de les disposer sur un lit de gros sel afin de leur garder leur stabilité.

coquillages bretons aux vermicelles

Temps de cuisson : 20 minutes

Ingrédients	250 g de palourdes
pour	250 g de pétoncles
4 personnes	250 g de praires
	250 g de coques
	125 g de vermicelles
	1 échalote
	2 carottes
	2 poireaux
	15 cl de crème
	20 g de beurre
	20 cl de vin blanc
	1 bouquet garni
	Sel et poivre

MISE EN PLACE

Les coquillages

● Les gratter et les laver à grande eau courante, les placer dans une casserole confortable, avec le vin blanc, 10 cl d'eau, l'échalote hachée et le bouquet garni.

● Faire cuire 5 minutes à couvert, retirer les coquillages à l'aide d'une écumoire et les décortiquer. Réserver les chairs et passer le jus de cuisson à travers un linge fin.

Les vermicelles

Les cuire 3 minutes à l'eau bouillante salée, les rafraîchir légèrement et les égoutter.

La garniture

● Tailler carottes et poireaux en fine mirepoix et la faire suer au beurre dans une casserole.

● Ajouter la cuisson bouillante des coquillages, joindre la crème, ramener à ébullition puis ajouter les vermicelles et les chairs.

● S'assurer de l'assaisonnement et servir très chaud.

VARIANTES

Il est possible de choisir les coquillages en fonction de l'arrivage, et d'utiliser par exemple des moules, des couteaux, etc. Les vermicelles peuvent également être remplacés par des cheveux d'ange, plus fins et plus raffinés.

noix de pétoncles
au corail d'oursins

Temps de cuisson : 15 minutes

Ingrédients *pour* *4 personnes*	600 g de pétoncles tous décortiqués 1,2 kg d'oursins 5 cl de vin blanc sec 20 cl de crème double 20 g de beurre 1/2 citron Sel et poivre Farine à poisson

MISE EN PLACE

● Faire décortiquer les pétoncles par votre poissonnier, sinon procéder de la même manière que pour des Saint-Jacques. Les laver et les essuyer.

● Ouvrir les oursins et prélever à l'aide d'une cuillère à café les languettes rouges (les coraux).

CUISSON

● Fariner les noix de pétoncles et les sauter vivement 30 secondes au beurre. Les retirer. Déglacer au vin blanc, réduire de moitié et ajouter la crème. Porter le tout à ébullition jusqu'à liaison.

● Retirer du feu et joindre les coraux d'oursins. Vérifier l'assaisonnement en sel, poivre et jus de citron.

SERVICE

Présenter en cassolettes individuelles ou sur assiettes creuses.

HISTOIRE NATURELLE

Le pétoncle est une Saint-Jacques miniature d'un diamètre d'environ 6 cm.

5.

VIANDE, VOLAILLE ET GIBIER

VIANDE

BŒUF

P. MIXED BŒUF
E. ASSIETTE DE BŒUF AUX FEUILLES DE CRESSON
A. PALERON D'ÉPAULE À LA LIE DE VIN
H. PETITS HAMBURGERS AUX CHOUX CHINOIS
F. TOURNEDOS DANS L'ESPRIT DE ROSSINI

AGNEAU

P. GIGOT D'AGNEAU RÔTI AU RIZ BRÛLÉ
E. CÔTES D'AGNEAU DÉCOUVERTES AU CHUTNEY DE COURGETTES
A. COLLIER D'AGNEAU « CONNEMARA »
H. ÉPAULE D'AGNEAU PIMENTÉE AUX GRAINES DE COUSCOUS
F. CARRÉ D'AGNEAU « EURÊKA »

VEAU

P. MIGNON DE VEAU À LA FRICASSÉE DE CUCURBITACÉES
E. JARRET DE VEAU ALLIACÉ
A. DÉROULÉ DE VEAU EN CARACOLE
H. MÉDAILLONS DE VEAU À LA CRÈME AUX BETTERAVES ROUGES
F. « OSSOBIANCO »

PORC

P. FROMAGE DE TÊTE AUX BAIES DE GROSEILLES
E. SAUPIQUET DE JAMBONNEAU AU POIVRE VERT
A. GRILLADE DE PORC À L'ÉTUVÉE D'OIGNONS ET DE NAVETS CONFITS
H. BOUDIN NOIR À LA CANNELLE ET AUX MANGUES
F. CÔTES DE PORC AUX AGRUMES

ABATS

P. MUSEAU DE VEAU AUX DEUX OLIVES
E. CROUSTILLANTS DE CERVELLE AUX TOMATES CRÈME
A. FOIE DE VEAU AUX ÉCHALOTES MAUVES
H. ÉMINCÉ DE ROGNON DE VEAU « TÔT FAIT »
F. GRILLONS DE RIS DE VEAU COMME LES AIMAIT JEAN TROISGROS

VOLAILLE

POULET

P. AILERONS DE VOLAILLE EN PIE
E. GALANTS DE VOLAILLE AUX AUBERGINES À LA VAPEUR
A. FRICASSÉE DE VOLAILLE AU GAMAY
H. POULARDE POCHÉE À LA CRÈME DE LENTILLES
F. BRESSE SAUTÉE DANS SA SAUCE FOIES

PINTADE ET PIGEON

P. ÉMINCÉ DE PINTADE AUX NOUILLES CITRONNÉES
E. CAISSETTE D'AILES DE PINTADE AU FENOUIL TUBÉREUX
A. BLANC DE PINTADE AU GENIÈVRE ET MUSCAT
H. CAMAÏEU DE CHAMPIGNONS ET PIGEON RAMIER
F. PIGEON À PLAT DANS SON JUS TRANCHÉ

CANARD

P. MINUTE DE CANARD MARCHAND DE VIN
E. POITRINE DE CANETTE À LA RHUBARBE
A. COLVERT AUX BRUGNONS
H. TOURTE DE CANARD COUPE-FIN
F. CANARD DE NOËL

LAPIN ET GIBIER

P. LAPIN DE GARENNE AUX ROSÉS DES PRÉS
E. ESCALOPES DE RÂBLE DE LAPIN PANÉES FAÇON VIENNOISE
A. AILES DE FAISANES « ROUTE DES ÉPICES »
H. EFFILOCHADE DE LIÈVRE À LA CUILLÈRE
F. SELLE DE CHEVREUIL À LA PURÉE DE HARICOTS ROUGES

mixed bœuf

Temps de cuisson : selon les pièces

Ingrédients *pour* *4 personnes*	250 g de filet 250 g d'entrecôte 200 g d'onglet 180 g de hampe 180 g de pointe d'aiguillette de rumsteck 3 échalotes 180 g de beurre Huile blanche Sel et poivre

PRÉPARATION

● Tailler un château de 3 cm d'épaisseur pris dans le cœur du filet, 1 entrecôte du même poids et de 1,5 cm d'épaisseur, 4 pièces de 50 g dans l'onglet, que l'on cisèle légèrement, 4 tranches de 40 g dans la hampe et 4 petits biftecks de 40 g pris dans la pointe de l'aiguillette de rumsteck.
Prévenir le boucher suffisamment à l'avance afin qu'il découpe ces pièces dans de la viande rassie à point.

● Hacher l'échalote au dernier instant.

CUISSON

● Assaisonner le tout de sel et de poivre du moulin.

● Prendre 3 poêles de tailles différentes.

● Faire sauter les pièces de bœuf au beurre mousseux : dans la plus petite, le château (8 minutes de cuisson) ; dans la moyenne, l'entrecôte (2 minutes de cuisson) ; dans la plus grande les 3 autres variétés (entre 1 et 3 minutes en fonction de l'épaisseur).

● Retirer la viande, puis jeter l'échalote hachée dans le beurre chaud. Faire suer, ajouter 3 cuillerées d'eau et laisser mijoter quelques secondes.

SERVICE

● Découper le château et l'entrecôte en quatre, les répartir dans 4 grandes assiettes chaudes et compléter avec les autres pièces.

● Napper du jus aux échalotes.

● Garnir avec des roses des sables (voir p. 268) et servir de suite.

NUANCES

● Cette recette permet d'apprécier la différence de goût et de texture entre plusieurs pièces du bœuf.
On peut, à l'exemple du mixed grill, faire griller la viande et servir avec une sauce telle que la béarnaise ou ses dérivés.

assiette de bœuf
aux feuilles de cresson

Ingrédients
pour
4 personnes

640 g de bœuf dans le contre-filet (sans gras)
2 bottes de cresson
2 œufs
20 cl d'huile d'arachide
Vinaigre de vin
Moutarde de Dijon
Sel et poivre

MISE EN PLACE

● Prendre 4 grandes assiettes froides et les recouvrir sur toute leur surface de la viande que l'on aura escalopée très finement.

● Saler légèrement et intercaler de belles feuilles de cresson entre les tranches (une douzaine environ par assiette). Réserver au froid.

● Cuire les œufs durs.

LA SAUCE

● Mettre 2 jaunes d'œufs durs, 1 cuillerée à café de moutarde et quelques gouttes de vinaigre dans une terrine. Fouetter fortement pour obtenir une pâte lisse.

● Monter à l'huile, détendre au vinaigre et à l'eau s'il y a lieu afin d'obtenir une sauce légèrement fluide.

● S'assurer de l'assaisonnement en sel et poivre.

FINITION

Pour terminer la présentation des assiettes, prendre de la sauce avec une cuillère et créer une spirale.

GAZETTE GOURMANDE

Les amateurs de carpaccio ou de steak tartare se régaleront de cette préparation.

paleron d'épaule à la lie de vin

Temps de cuisson : 2 h 30

Ingrédients *pour* *4 personnes*	900 g de paleron d'épaule 1/2 pied de porc 100 g de couenne de porc 50 g de lard gras 1 l de lie de vin 2 cl de cognac 0,5 l de fond de veau (p. 22) 1 cuillerée de tomate concentrée 2 oignons 1 carotte 1 gousse d'ail 1 bouquet garni Sel et poivre

LA VEILLE

● Détailler le paleron en cubes de 50 g.

● Couper autant de lanières de lard que l'on roule dans l'ail écrasé et dans le persil concassé.

● A l'aide d'une aiguille à piquer, larder chaque morceau.

● Faire mariner une nuit avec 1 l de lie de vin, l'oignon et la carotte émincés, du poivre concassé et le bouquet garni.

PRÉPARATION

● Le jour même, sécher le bœuf dans une serviette et le faire revenir au beurre sur chaque face. Le ranger dans une casserole de dimension appropriée. Joindre le demi-pied de porc et saler.

● Déglacer la poêle au cognac, ajouter la marinade et sa garniture, le fond de veau et la tomate concentrée.

● Verser le liquide dans la casserole et recouvrir de la couenne préalablement blanchie.

● Luter au repère (voir en fin de recette) et mettre à cuire 2 h 30 à feu très, très doux.

FINITION

● Au bout de ce temps, découvrir la casserole, décanter les morceaux de bœuf.

● Découper la couenne et le pied de porc en petits dés et les joindre à la viande.

● Dégraisser au maximum la sauce et corriger sa consistance, soit en faisant réduire si elle est trop claire, soit en l'allongeant avec un peu d'eau.

● Passer le tout sur la viande et rectifier l'assaisonnement. Servir.

INSTRUCTIF

« Luter » signifie rendre hermétique un récipient de cuisson. On emploie donc de la farine détrempée avec de l'eau, le « repère », qui, placée entre le couvercle et la casserole, durcit sous l'action de la chaleur.
On obtient un résultat identique en utilisant une Cocotte-Minute.

petits hamburgers aux choux chinois

Temps de cuisson : 10 minutes

Ingrédients	800 g de viande de bœuf
pour	300 g de choux chinois (Pat-Choï)
4 personnes	12 œufs de caille
	70 g de beurre
	Vinaigre de vin
	Sel et poivre

MISE EN PLACE

La viande

● La choisir dans les morceaux de 1er choix (nous vous recommandons le cœur du contre-filet). La faire préparer par votre boucher ou la hacher vous-même à l'aide d'un grand couteau.

● Assaisonner et partager en 12 parts égales. Façonner en donnant la forme ronde d'un petit hamburger.

Les choux

● Les laver, les effeuiller et les tailler en fines lanières.

● Les passer rapidement dans l'eau bouillante salée, les rafraîchir et les égoutter.

Les œufs

Les casser dans de petites soucoupes.

CUISSON

● Faire fondre 50 g de beurre noisette dans une poêle et y ranger la viande. Retourner à mi-cuisson et arroser fréquemment.

● Faire sauter les lanières de chou dans une noix de beurre, pendant 1 minute.

172

● Au dernier instant, cuire les œufs de caille au plat dans une poêle en Téflon.

DRESSAGE

● Répartir 3 hamburgers par assiette chaude et poser sur chacun un œuf de caille.

● Déglacer la poêle de cuisson au vinaigre, assaisonner les choux avec le jus ainsi obtenu et les disposer en garniture tout autour.

VARIANTE

● Cette recette peut être exécutée avec d'autres variétés de choux et accompagnée de *ketchup nouveau* : faire réduire du vinaigre avec du sucre et mélanger à une purée de tomates fraîches.

tournedos dans l'esprit de rossini

Temps de cuisson : 12 minutes

Ingrédients pour 4 personnes	
	600 g de filet de bœuf
	200 g de foie gras frais
	1 truffe de 40 g
	10 cl de jus de truffe
	2 cl de cognac
	4 cl de madère
	140 g de beurre
	25 cl de demi-glace de viande (p. 23)
	Sel et poivre

MISE EN PLACE

● Demandez à votre boucher de vous tailler 4 tournedos de 150 g dans le cœur du filet de bœuf. Les ficeler sans les barder.

● Trancher 4 escalopes de foie gras d'environ 50 g chacune.

● Couper la truffe en rondelles assez fines. En janvier ou février, utiliser des truffes fraîches, sinon employer de la conserve, si possible de première ébullition.

CUISSON

● Saler et poivrer les tournedos et les cuire dans une sauteuse avec 40 g de beurre noisette. Les poêler 6 minutes sur chaque face ou plus selon votre goût.

● Les réserver sur un plat de service dans lequel on retourne une assiette afin que la viande ne baigne pas dans son jus.

● Le temps de préparation est calculé en fonction des 20 minutes qu'il faut prévoir pour laisser reposer la viande.

LA SAUCE

● Retirer et réserver le beurre de cuisson.

● Déglacer la sauteuse avec le cognac puis le madère. Ajouter la demi-glace.

● Laisser réduire d'une bonne moitié, ajouter le jus de truffe ainsi que celui rendu par la viande.

● Incorporer 100 g de beurre en fouettant lentement hors du feu.

FINITION

● Dans une poêle, réchauffer le bœuf dans le beurre de cuisson réservé.

● Faire revenir les tranches de foie gras sur les deux faces, puis les truffes pendant quelques secondes.

● Dresser les tournedos sur 4 assiettes chaudes ; recouvrir des tranches de foie gras et des truffes.

● Napper avec la sauce.

POURQUOI PAS !

Cette préparation, discréditée de nos jours, ne trouve plus sa place sur nos cartes. Cependant, en nostalgiques, rien n'empêche de la réhabiliter de temps à autre et de se régaler de ces produits de luxe, que l'on choisira de première qualité.

gigot d'agneau rôti au riz brûlé

Temps de cuisson : 55 minutes

Ingrédients pour 8 personnes	1 gigot d'agneau + quelques os concassés 300 g de riz étuvé fond blanc (p. 22) facultatif ou eau 2 oignons 50 g de beurre 3 gousses d'ail Sel et poivre

MISE EN PLACE

Le gigot

● L'assaisonner et le ficeler à rôtir après l'avoir piqué à l'ail.

● Chauffer 10 g de beurre dans une cocotte moyenne et le faire dorer.

● L'entourer ensuite des os concassés et cuire le tout 40 minutes à four chaud. Au terme de ce temps, retirer la viande et transvaser les os dans un petit récipient.

● Mouiller d'eau et laisser frémir pour confectionner un petit jus.

Le riz

● Le faire revenir dans une casserole avec 30 g de beurre, sans cesser de le remuer. Il doit devenir très brun, transparent et légèrement gonflé.

● Faire suer les oignons dans la cocotte de cuisson du gigot (retirer une partie du gras rendu s'il y en a trop). Ajouter le riz et mouiller d'eau ou de fond blanc, une fois et demie son volume. Cuire 10 minutes à couvert, puis placer le gigot dessus et terminer la cuisson pendant 15 minutes.

● Retirer du feu et laisser reposer.

FINITION ET SERVICE

● Passer le jus, réduire de façon qu'il ne reste que 8 cuillerées à soupe de liquide.

● Monter avec 20 g de beurre et assaisonner à point.

● Égrener le riz, le dresser sur un plat de service, découper la viande en tranches et les disposer dessus.

● Déguster aussitôt, accompagné de la sauce servie à part.

SUBTERFUGE

Pour 4 personnes, on remplacera le gigot par de l'épaule. Il suffit alors de diminuer les proportions de moitié et de ramener le temps de cuisson total à 40 minutes.

côtes d'agneau découvertes
au chutney de courgettes

Temps de cuisson : 6 minutes pour la viande

Ingrédients	8 côtes découvertes
pour	3 courgettes
4 personnes	2 citrons
	2 oignons
	5 cl de vin blanc
	2 cuillerées de sucre
	24 grains de poivre concassés
	1 pincée de gingembre
	Sel

MISE EN PLACE

L'agneau

Demandez à votre boucher de vous préparer 8 côtes dans la partie découverte.

Le chutney

● Éplucher les courgettes et les couper en gros cubes.

● Peler les citrons à vif et les couper en tranches. Retirer les pépins.

● Couper les oignons en rondelles.

● Hacher le gingembre.

● Grouper tous ces ingrédients dans une petite casserole, ainsi que le vin blanc, le poivre concassé et le sucre. Saler légèrement. Couvrir et laisser mijoter 2 heures à petit feu. Le chutney doit avoir la consistance d'une marmelade.

CUISSON

● Saler et poivrer les côtes.

● Les poser sur le gril et les faire cuire 6 minutes sur chaque face.

SERVICE

Dresser les côtes en couronne sur un plat et garnir le centre du chutney de courgettes.

ORIGINE

Le chutney est un condiment aigre-doux d'origine indienne adopté par les Anglais.

collier d'agneau « connemara »

Temps de cuisson : 2 heures

Ingrédients	2 colliers d'agneau de 800 g
pour	2 poireaux
4 personnes	2 carottes
	2 navets
	8 feuilles de chou
	1/4 de céleri boule
	4 pommes de terre moyenne
	1 oignon piqué de 2 clous de girofle
	1 bouquet garni
	Sel, poivre et sel gros

MISE EN PLACE

● Fendre les colliers en deux sur la longueur sans les désosser.

● Éplucher les poireaux. Ne garder que le blanc et le vert tendre. Les couper en morceaux de 5 cm.

● Laver les feuilles de chou.

● Éplucher carottes, navets et céleris. Les couper de façon rustique.

● Peler les pommes de terre. Les laisser entières.

CUISSON

● Dans une casserole, placer les colliers et les recouvrir d'eau froide. Porter à ébullition, écumer, saler, ajouter le bouquet garni et l'oignon. Compter 2 heures de cuisson.

● Aux 3/4 de celle-ci, joindre les légumes et 15 minutes plus tard les pommes de terre.

SERVICE

● Au terme de la cuisson, retirer le bouquet garni et l'oignon à l'aide d'une écumoire.

● Placer chaque demi-collier sur une grande assiette. Parsemer le dessus de quelques grains de gros sel et entourer des légumes. Verser une louche de bouillon sur le tout.

● Accompagner de condiments et, pour les amateurs, de sauce anglaise.

REMARQUE

Ce morceau, que votre boucher vous préparera selon votre désir, mérite une cuisson lente. Il vous surprendra par son moelleux.
Ce plat est inspiré d'une spécialité irlandaise : l'« Irish Stew ».

épaule d'agneau pimentée aux graines de couscous

Temps de cuisson : 35 minutes

Ingrédients
pour
6 personnes

1 épaule d'agneau
200 g de graines de couscous
400 g de petits pois frais
1 oignon
50 g de blancs de poireaux
50 g de carottes
50 cl de vin blanc sec
30 g de beurre
1 cuillerée à café de tomate concentrée
Sel

La purée de piment
1 piment rouge
1 gousse d'ail
grains de coriandre et cumin
huile d'olive

MISE EN PLACE

L'agneau

● Le désossage de l'épaule étant assez délicat, demandez à votre boucher de vous la préparer.

● Avant de la ficeler, saler l'intérieur.

● Casser les os et les réserver.

Les petits pois

Après les avoir écossés, les cuire à l'eau en les tenant légèrement fermes.

La garniture de la graine

Éplucher et tailler en fine brunoise l'oignon et le poireau, en petits dés la carotte.

La purée de piment

Dans un mortier, piler l'ail, le piment ouvert en deux et épé-piné, la coriandre et le cumin. Ajouter peu à peu l'huile d'olive afin d'obtenir une purée légèrement claire.

C'est une forme de harissa qu'il faudra employer avec précaution.

CUISSON DU RÔTI

● Disposer l'épaule sur une plaque à rôtir et l'entourer des os concassés. A l'aide d'un pinceau, la badigeonner avec la purée de piment.

● Enfourner à 220° et rôtir pendant 35 minutes en continuant de badigeonner de temps à autre.

● Retourner et laisser reposer la viande 30 minutes au minimum dans un endroit tempéré.

LE JUS

● Déglacer la plaque de cuisson au vin blanc, ajouter la tomate concentrée et 20 cl d'eau. Laisser cuire quelques minutes avec les os.

● Passer au chinois. Il doit rester 10 bonnes cuillerées de jus.

● Rectifier l'assaisonnement.

LA GRAINE

● Faire suer la garniture avec 30 g de beurre dans une sauteuse.

● Ajouter ensuite la semoule et mouiller d'une fois et demie son volume d'eau bouillante salée. Cuire au four 5 minutes à couvert en s'assurant que la semoule n'attache pas.

● En fin de cuisson, l'égrener à l'aide d'une fourchette.

● Lui incorporer les petits pois.

SERVICE

Après avoir réchauffé l'épaule quelques secondes, la trancher sur une planche. Déposer la semoule dans un plat de service, ranger la viande dessus et arroser du jus bouillant. Servir aussitôt.

ASTUCE

L'originalité de ce plat vient de la façon dont est cuite la graine de couscous. Par cette méthode on évite la cuisson à la vapeur, longue et encombrante, d'usage en Afrique du Nord.

En limitant le mouillement de la graine, on obtient un couscous plus sec qui peut alors servir d'accompagnement à des ragoûts classiques.

carré d'agneau « eurêka »

Temps de cuisson : 23 minutes

Ingrédients *pour* *4 personnes*	2 carrés d'agneau de 800 g, non parés, soit 1,6 kg 600 g de feuilletage (p. 288) 4 cl de vin blanc sec 1 échalote 60 g de beurre Basilic, estragon, cerfeuil, persil Thym Sel et poivre
	Le gratin 1 grosse courgette 4 tomates 10 g de gruyère

MISE EN PLACE

L'agneau

● Parer les carrés en laissant les manches des côtes d'agneau apparents. Les dégraisser au maximum et les assaisonner.

● Les mettre à rôtir 10 minutes à feu vif, entourés des os concassés, de 20 g de beurre, de l'ail en chemise et du thym.

● Au terme de la cuisson, les réserver au frais.

Le jus

● Retirer la graisse et déglacer au vin blanc. Laisser réduire, ajouter 10 cl d'eau et réduire à nouveau lentement.

● Passer ce jus, monter avec 20 g de beurre. Assaisonner.

Le gratin

● Couper les courgettes et les tomates émondées en rondelles. Les assaisonner de sel et de poivre et les ranger alternativement dans un plat à gratin.

● Parsemer de gruyère râpé et de 30 g de beurre en petites noix.

La garniture aromatique

● Tomber l'échalote hachée au beurre et lui incorporer, à froid, les herbes concassées.

● Assaisonner.

Le feuilletage

Diviser la pâte en 2 parties égales et les abaisser en forme de rectangles de 25 cm sur 30 environ.

CUISSON

● Couvrir le dessus des 2 carrés d'agneau de la garniture aromatique et les poser sur le bord des abaisses de feuilletage.

● Rabattre la pâte et ressortir les manches à travers celle-ci.

● Dorer au jaune d'œuf et décorer à votre goût.

● Cuire au four 13 minutes à 250º et enfourner le gratin 15 minutes à feu vif.

PRÉSENTATION

Poser l'agneau en croûte sur une planche. Le découper en passant un couteau à lame fine entre chaque côte et déposer celles-ci au fur et à mesure sur des assiettes chaudes.
Napper du jus bouillant et entourer de la garniture « Eurêka ».

mignon de veau à la fricassée de cucurbitacées

Temps de cuisson : 5 minutes

Ingrédients	600 g de filet mignon de veau paré
pour	100 g de courgettes
4 personnes	75 g d'aubergines
	20 g de poivrons rouges
	4 tomates
	20 cl d'huile d'olive
	1/2 citron
	8 feuilles de basilic
	1 gousse d'ail
	Sel et poivre

MISE EN PLACE

● Découper 8 médaillons de veau de 75 g chacun dans le cœur du filet mignon. Assaisonner de sel et de poivre.

● Émonder les tomates et les épépiner ; laver les courgettes, aubergines et poivrons. Couper le tout en dés d'un petit centimètre. Assaisonner.

● Hacher l'ail.

● Ciseler le basilic.

CUISSON

● Chauffer 1/3 de l'huile dans une poêle de la taille des 8 médaillons. Dorer sur la première face, retourner pour terminer la cuisson. L'opération doit durer 5 minutes au maximum car il est préférable de laisser reposer la viande une vingtaine de minutes.

● Déglacer avec 5 cl d'eau et réserver le déglaçage.

● 5 minutes avant de servir, faire cuire à la poêle, avec le reste d'huile, courgettes, aubergines et poivrons.

- Sauter en plein feu très rapidement pendant 1 minute.

- Retirer, ajouter la tomate, l'ail et le basilic.

DRESSAGE

- Réchauffer les médaillons et en poser 2 par assiette.

- Recouvrir de la fricassée de cucurbitacées bien chaude.

- Regrouper le déglaçage et le jus rendu par la viande. Ajouter le demi-citron pressé, chauffer, s'assurer de l'assaisonnement et répartir en cordon autour de la viande.

VARIANTE

On peut évidemment employer d'autres pièces du veau. Choisir pour cela les morceaux destinés à la confection des escalopes.

jarret de veau alliacé

Temps de cuisson : 2 heures

Ingrédients pour 4 personnes	
	1 jarret de veau de 1 kg avec l'os
	30 g de beurre
	20 feuilles d'estragon
	1 bouquet garni
	Moutarde forte de Dijon
	Sel et poivre
	La garniture
	16 gousses d'ail en chemise
	8 petits oignons nouveaux
	4 échalotes
	4 tomates
	4 pommes de terre nouvelles

MISE EN PLACE

Le jarret

Le ficeler en laissant 50 cm de ficelle supplémentaire. Ceci a pour but de pouvoir l'attacher à une anse de la casserole afin de le récupérer facilement.

La garniture

● Éplucher oignons, échalotes et pommes de terre.

● Émonder et épépiner les tomates.

● Préparer l'ail en lui laissant sa peau.

CUISSON

● Déposer le jarret dans une casserole assez large puis mouiller à hauteur d'eau salée et joindre le bouquet garni. Amener à ébullition. Au bout d'une heure et demie, ajouter toute la garniture. Prévoir encore 20 minutes de cuisson.

● Retirer les tomates et verser le reste sur une plaque.

FINITION

● Détacher un par un les muscles du jarret en tirant dessus, ceux-ci se défont facilement. On obtient ainsi une dizaine de languettes que l'on fera revenir dans une poêle avec 30 g de beurre.

● Répéter l'opération avec la garniture.

DRESSAGE

● Présenter harmonieusement le tout sur un plat de service.

● Déglacer la poêle avec 2 louches du bouillon de cuisson. Écraser les tomates dedans et lier hors du feu avec 1 cuillerée à café de moutarde. S'assurer de l'assaisonnement, joindre l'estragon haché, napper viande et garniture.

● Servir aussitôt.

CONSEIL

Le temps de cuisson du jarret de veau et de la garniture est tributaire de leur qualité. A vous de juger si vous devez raccourcir ou rallonger celui-ci.

déroulé de veau en caracole

Temps de cuisson : 30 minutes

Ingrédients	400 g de longe de veau
pour	1 barde de lard gras
4 personnes	1 courgette
	1 carotte
	2 oignons
	20 g de beurre
	1 cuillerée de crème
	1 jaune d'œuf
	Sel et poivre

La sauce
2 cl de vinaigre de vin
6 cl d'huile d'olive

MISE EN PLACE

Le veau

● Demandez à votre boucher de vous préparer dans la longe un morceau de 400 g de viande entièrement parée à vif.

● A l'aide d'un tranche-lard, le découper en un long ruban de 50 cm environ sur 10 à 12 cm de large. Pour cela, tourner la viande sur elle-même autour d'un axe central imaginaire. L'aplatir pour égaliser l'épaisseur. Assaisonner de sel et de poivre.

La courgette

● Supprimer les extrémités, la laver et la couper en rondelles sans l'avoir épluchée. Saler et faire sauter à la poêle avec 10 g de beurre. Ajouter 1 oignon haché et la crème que l'on porte à ébullition.

● Hors du feu, ajouter le jaune d'œuf.

● Refroidir et hacher le tout grossièrement.

CONFECTION

Étaler cette farce de courgette sur toute la longueur du ruban de viande. L'enrouler en escargot et le ficeler en long et en large, puis le recouvrir de la barde de lard gras.

CUISSON

● Faire fondre 10 g de beurre dans une cocotte de la taille désirée. Dorer la pièce sur toutes les faces, ajouter autour la carotte et l'oignon coupés en grosse mirepoix.

● Couvrir et cuire 30 minutes à four moyen en arrosant souvent. Si nécessaire, ajouter de l'eau en cours de cuisson.

LA SAUCE

● Après avoir réservé la viande, retirer entièrement la graisse qui surnage sur le jus.

● Mixer l'ensemble en ajoutant 8 feuilles de basilic et, progressivement, le vinaigre et l'huile d'olive.

● S'assurer de l'assaisonnement de cette sauce qui doit être suffisamment épaisse.

SERVICE

● Placer la viande sur une planche, retirer la ficelle et découper 8 tranches que l'on dépose sur la sauce répartie sur 4 assiettes chaudes.

● Lustrer chaque tranche avec une goutte d'huile d'olive.

À VOTRE GRÉ

Ce plat peut se manger froid, mais pour lui garder son moelleux, il est préférable de ne pas le laisser séjourner au réfrigérateur.

Julienne multicolore au blanc de poulet

Opus de fromage de chèvre
et betterave rouge

Galet de saumon dans sa peau croustillante

Sifflets de sole « tousimple »

Roses des sables

Déroulé de veau en caracole

Epaule d'agneau pimentée aux graines de couscous

Gigot d'agneau au riz brûlé

1. *Etoiles du sud aux graines de sésame*
2. *Feuillets au chocolat mousse*
3. *Ailettes aux poires*

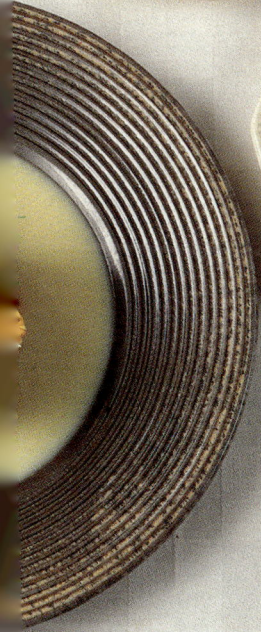

4. *Mille-feuille aux fraises écrasées*
5. *Tokapis au café*
6. *Petits fours*

Coquilles Saint-Jacques en « autosatisfaction »

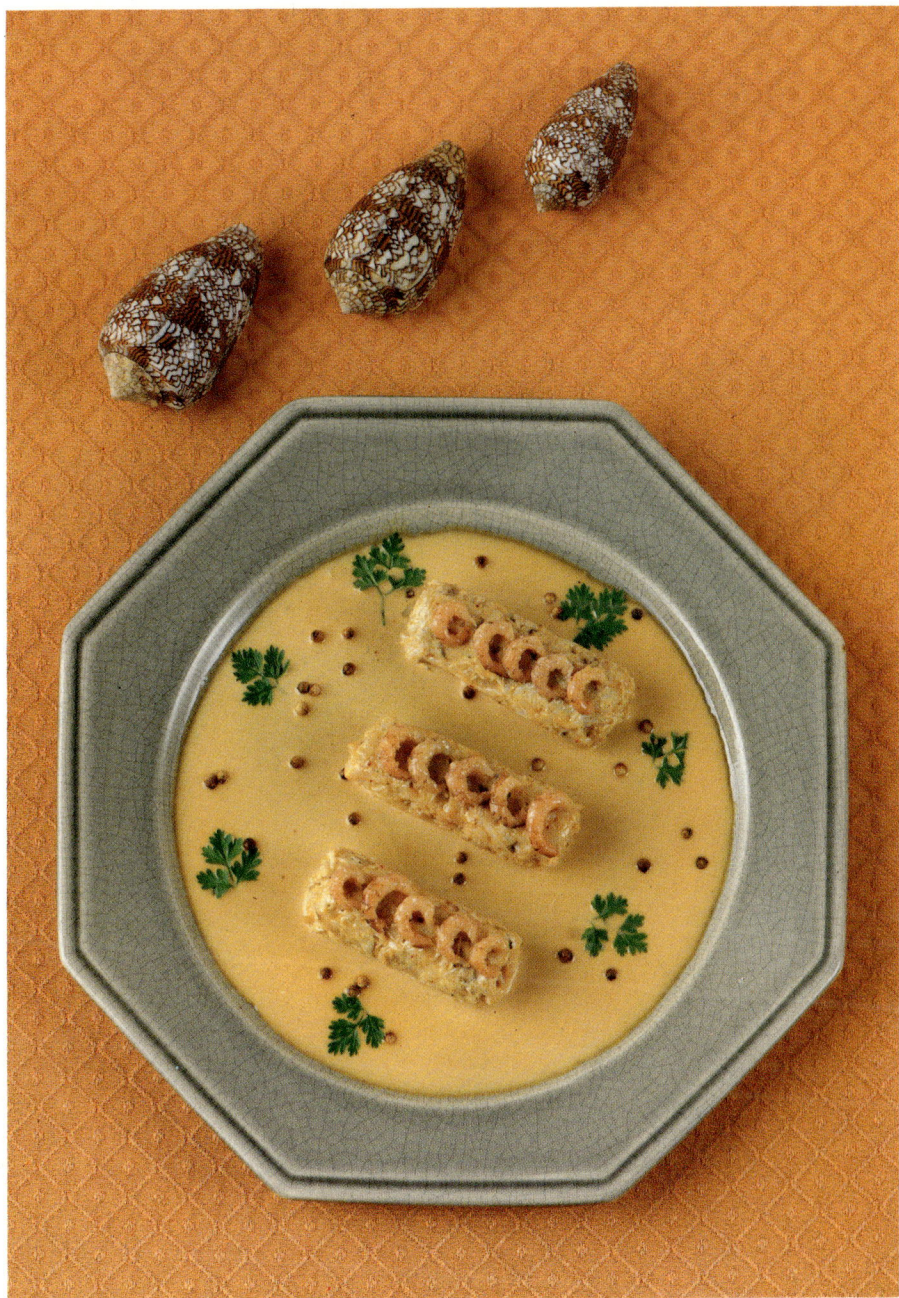

Rouleaux d'araignée de mer « Atlantide »

Tourte de canard coupe-fin

Cabillaud en fleur

Petits hamburgers aux choux chinois.

1. *Cervelle panée aux tomates à la crème*
2. *Foie de veau aux échalotes mauves*
3. *Grillons de ris de veau comme les aimait Jean Troisgros*

1. *Brochettes de fruits aux mille couleurs*
2. *Palette du peintre*

médaillons de veau
à la crème aux betteraves rouges

Temps de cuisson : 15 minutes pou la viande

Ingrédients	700 g de veau
pour	400 g de betteraves rouges crues (voir en fin de recette)
4 personnes	10 cl de vin blanc
	25 cl de crème double
	60 g de beurre
	Persil
	Vinaigre de vin
	1/2 citron
	Sel et poivre

MISE EN PLACE

● Faire découper par le boucher 4 médaillons de 160 g environ dans un veau de qualité.

● Choisir 2 betteraves de 200 g et les cuire à l'eau vinaigrée et salée. Il faut bien 2 heures de cuisson à petit feu.

CUISSON

● Prendre une poêle où les 4 médaillons mis côte à côte ne se chevauchent pas. La faire chauffer et mettre le beurre. Lorsqu'il est de couleur noisette, déposer dedans les médaillons assaisonnés. Cuire 15 minutes environ. Ils doivent être bien colorés sur les deux faces. Réserver sur un plat de service dans un endroit tempéré.

● Éplucher et couper les betteraves en larges tranches. Les faire chauffer au beurre dans une poêle en téflon. Au dernier instant, jeter une poignée de persil concassé.

LA SAUCE

● Déglacer cette poêle au vin blanc.

● Ajouter la crème et le jus rendu par la viande en attente. Ramener à ébullition. La sauce doit être légèrement liée sans plus.

● S'assurer de l'assaisonnement en sel, poivre et jus de citron.

PRÉSENTATION

● Déposer les médaillons de veau au centre d'un plat de service.

● Napper de la sauce et disposer harmonieusement les betteraves poêlées autour.

MARCHÉ

Pour éviter la cuisson fastidieuse des betteraves, il est possible de les acheter précuites dans le commerce.

« ossobianco »

Temps de cuisson : 1 h 15

Ingrédients *pour* *4 personnes*	1 jarret de veau de 1,5 kg 500 g de pommes de terre 8 petites carottes 8 oignons nouveaux 200 g de petits pois 8 cornichons moyens 1/4 de citron 15 cl de vin blanc sec 1 gros bouquet garni (poireaux, céleri, thym, laurier, queues de persil) 15 grains de poivre Sel *La liaison* 25 cl de crème 4 jaunes d'œufs

MISE EN PLACE

● Faire couper par le boucher 4 rouelles dans le jarret de veau. Demander la même découpe que pour l'osso-bucco.

● Éplucher oignons, carottes et pommes de terre. Écosser les petits pois.

● Émincer les cornichons.

● Délayer les jaunes d'œufs dans la crème.

CUISSON

● Dans une casserole assez large, ranger le jarret, verser dessus vin blanc et eau en quantité suffisante pour qu'il soit recouvert. Porter à ébullition et écumer. Saler légèrement.

● A mi-cuisson, ajouter les carottes, les oignons, le bouquet garni et les grains de poivre.

● Aux 3/4, ajouter les pommes de terre que l'on aura coupées en dés. Finir la cuisson à petit feu.

● Cuire les petits pois à l'anglaise.

FINITION

● Retirer le jarret dans un plat de service.

● Laisser réduire le fond d'un tiers, ôter le bouquet garni.

● Écraser à la fourchette 1/3 des pommes de terre, ceci ayant pour but de lier la sauce.

● Ajouter les petits pois et les cornichons émincés en garniture.

● Hors du feu, lier à l'aide du mélange crème-jaunes d'œufs. Vanner et rectifier l'assaisonnement en sel, poivre et jus de citron.

● Incorporer les rouelles de viande et servir de suite.

POUR VOTRE GOUVERNE

Cette recette est une synthèse entre l'osso-bucco (découpe du veau), le ragoût irlandais (liaison à la purée de légumes) et notre blanquette nationale.

fromage de tête
aux baies de groseilles

Temps de cuisson : 2 heure

Ingrédients pour 8 personnes	
	1/2 tête de porc fraîche + 1 langue et 1 pied
	200 g de baies de groseilles
	2 carottes
	2 oignons
	1 tête d'ail
	4 clous de girofle
	30 cl de vin blanc
	10 cl de vinaigre d'alcool
	1 bouquet garni
	Sel et poivre en grain

MISE EN PLACE

● Découper la demi-tête en 3 ou 4 morceaux.

● Éplucher carottes et oignons.

● Piquer l'ail entier avec les 4 clous de girofle.

● Jeter un sirop léger et bouillant sur les groseilles.

CUISSON

● Dans une casserole assez haute, réunir la tête, les pieds, la langue, les carottes, les oignons entiers, l'ail et le bouquet garni.

● Mouiller au vin blanc et vinaigre. Recouvrir à hauteur d'eau. Ajouter quelques grains de poivre écrasés et saler légèrement.

● Cuire environ 2 heures. Il faut que la viande se détache facilement des os.

FINITION

● Retirer la chair de la cuisson. Enlever la peau qui recouvre la langue, désosser la tête et les pieds puis découper le tout en gros cubes.

● Dégraisser le fond de cuisson et le laisser réduire de moitié, à petit feu. Le passer et s'assurer de l'assaisonnement.

● Joindre la viande découpée et les grosseilles égouttées.

● Mouler dans des bols et réserver au froid.

SAVEUR ET ESTHÉTIQUE

Le fromage de tête était une spécialité de Mme Troisgros mère, qui mélangeait des cornichons émincés à l'ensemble.

Nous avons préféré les remplacer dans la recette par des groseilles qui apportent une note acide et colorée, et les servir en accompagnement.

saupiquet de jambonneau au poivre vert

Temps de cuisson : 30 minutes

Ingrédients pour 4 personnes	1 jambonneau cuit de 600 g
	2 échalotes
	6 cl de vinaigre de vin
	6 cl de vin blanc
	20 g de beurre
	25 cl de crème
	40 grains de poivre vert
	8 graines de genièvre
	Estragon
	Sel

LE JAMBONNEAU

Le faire réchauffer sans ébullition dans de l'eau légèrement salée, pendant 30 minutes.

LA SAUCE

● Faire suer l'échalote hachée dans une petite casserole, déglacer au vinaigre puis au vin blanc. Laisser réduire à glace, joindre le poivre vert et les graines de genièvre concassées.

● Ajouter la crème fraîche et faire bouillir en plein feu jusqu'à consistance.

● Saler très légèrement.

FINITION

Égoutter le jambonneau et le couper en 8 tranches sur l'épaisseur. Napper de la sauce bouillante et parsemer de quelques feuilles d'estragon.

On peut évidemment préparer cette recette avec des tranches de jambon d'York ou de régime. Dans ce cas, les faire poêler au beurre.

INSTRUCTIF

Cette recette est inspirée d'un plat du Morvan, le saupiquet, à base de jambon poêlé et dont l'appellation remonte au Moyen Age, « *sau* » signifiant sel et « *piquet* » relevé.

grillade de porc à l'étuvée d'oignons et de navets confits

Temps de cuisson : 15 minutes

Ingrédients pour 4 personnes	4 grillades de porc de 200 g chacune
	300 g d'oignons blancs
	400 g de navets
	7 cl de vin rouge
	4 cl de vinaigre de vin
	100 g de beurre
	30 g de sucre
	Sel et poivre

MISE EN PLACE

● Faire couper 4 belles grillades de porc par le boucher.

● Éplucher les navets et les couper en rondelles de 2 mm d'épaisseur.

● Éplucher les oignons et les émincer finement.

CUISSON

● Dorer les oignons dans 20 g de beurre avec un peu de sucre, ajouter le vinaigre puis le vin rouge. Assaisonner et laisser confire 30 minutes à couvert et à feu doux.

● Suer les navets au beurre avec 10 g de sucre, une pincée de sel et 5 cl d'eau. Les laisser glacer après réduction du liquide de cuisson.

● Faire chauffer 40 g de beurre dans une sauteuse et y ranger les grillades assaisonnées. Les saisir sur une face, les retourner et poursuivre leur cuisson doucement.

● En fin de cuisson, les poser sur le plat de service dans un endroit tempéré.

LE JUS

● Dégraisser la sauteuse et faire un petit jus clair en déglaçant légèrement au vinaigre puis à l'eau.

● Monter ce jus avec 20 g de beurre et s'assurer de l'assaisonnement.

FINITION

Recouvrir les grillades de porc avec l'étuvée d'oignons, décorer avec les rondelles de navets et entourer d'un cordon de jus clair.

CONSEIL

Les grillades sont prises entre la 5e côte et le collier.

Afin de retirer correctement l'écorce du navet, il est impératif d'utiliser un couteau plutôt qu'un économe.

boudin noir à la cannelle et aux mangues

Temps de cuisson : 7 minutes

Ingrédients *pour* *4 personnes*	4 pièces de 15 cm de boudin noir 2 mangues de 350 g 20 g de beurre Cannelle Sucre

MISE EN PLACE

Le boudin

● A l'aide d'un couteau affûté, en ciseler la peau et incruster un bâtonnet de cannelle à l'intérieur.

● Faire fondre une noix de beurre dans une poêle chaude, y aligner les morceaux de boudin côte à côte et les cuire une dizaine de minutes en les retournant à mi-cuisson.

Les mangues

● Les éplucher et les partager en deux sur la longueur en contournant le noyau.

● Découper chaque moitié en tranches, les sucrer et les caraméliser légèrement au beurre.

DRESSAGE

● Déposer les boudins sur un plat de service et répartir dessus les tranches de mangue poêlées.

● Servir aussitôt après avoir retiré le bâton de cannelle pour le sucer par intermittence et en savourer ainsi tout le parfum.

MARCHÉ

La mangue est un fruit exotique que l'on trouve maintenant facilement en France. Les choisir mûres à point c'est-à-dire moyennement souples sous les doigts.

203

côtes de porc aux agrumes

Temps de cuisson : 25 minutes pour la viande

Ingrédients *pour* *4 personnes*	4 côtelettes de porc parées de 180 g, soit 720 g 120 g de beurre 6 oranges 4 citrons 10 cl de fond de veau (p. 22) 2 cl de vinaigre de vin Sucre Sel et poivre

MISE EN PLACE

● La veille, couper les citrons en rondelles et après avoir retiré les pépins, les cuire sans les remuer dans un sirop à 30º. Les laisser frémir pendant 2 heures, puis les réserver dans leur cuisson.

● Presser 2 oranges. Peler les autres et détacher les quartiers un par un en passant la lame entre la pulpe et la membrane.

CUISSON DES CÔTES

● Faire chauffer 40 g de beurre dans une sauteuse et saisir les côtelettes pendant environ 5 à 6 minutes. Les retourner, les laisser de nouveau sur l'autre face. Baisser le feu pour qu'elles finissent de cuire en douceur.

● Lorsqu'elles sont prêtes, les réserver sur un plat de service.

LA SAUCE

● Retirer l'excédent de gras, déglacer au vinaigre, ajouter 4 cuillerées du sirop de citron et amener jusqu'au caramel. Ajouter le jus d'orange et le fond de veau. Laisser réduire pour obtenir 4 bonnes cuillerées de sauce.

● Passer au chinois, incorporer les 80 g de beurre restants en fouettant. La sauce doit être onctueuse, sucrée, acide et poivrée.

PRÉSENTATION

● Recouvrir les côtelettes réchauffées des tranches de citron confit. Faire 4 rosaces avec les quartiers d'orange et passer au four.

● Napper de la sauce bouillante et servir.

museau de veau aux deux olives

Temps de cuisson : 1 h 15

Ingrédients	700 g de museau de veau
pour	30 olives vertes
4 personnes	15 olives noires
	150 g de carottes
	1 branche de céleri
	1 oignon
	1 gousse d'ail
	6 cl de cognac
	20 cl de vin blanc
	2 cl d'huile d'olive
	1 cuillerée de tomate concentrée
	Moutarde blanche
	Persil
	1 bouquet garni
	Sel et poivre

MISE EN PLACE

● Blanchir assez longuement le museau, le refroidir et le découper en dés de 2 à 3 cm de côté.

● Détailler carottes, céleri et oignon en grosse mirepoix.

● Dénoyauter les olives, blanchir les vertes seulement.

● Hacher l'ail et préparer le bouquet garni.

CUISSON

● Assaisonner le museau et le faire revenir à l'huile dans une cocotte. Remuer en permanence avec une spatule en bois pour décoller la pellicule qui se forme dans le fond. Ajouter la mirepoix, l'ail, la tomate concentrée et le bouquet garni.

● Déglacer avec le cognac puis le vin blanc. Mouiller d'eau jusqu'à hauteur.

● Couvrir et laisser cuire à petit feu 1 h 15.

FINITION

● Retirer le bouquet garni, ajouter les olives, une cuillerée à café de moutarde et une bonne poignée de persil concassé.

● S'assurer de l'assaisonnement et servir.

REMARQUE

Nous avons choisi le museau parce que sa texture nous plaît particulièrement, mais l'on peut réaliser cette recette avec les autres parties de la tête.

croustillants de cervelle aux tomates crème

Temps de cuisson : 5 minutes

Ingrédients
pour
4 personnes

2 cervelles de veau
6 tomates
16 cl de crème
30 g de beurre
2 œufs
1 gousse d'ail
Mie de pain
1/2 citron
Sel et poivre

MISE EN PLACE

Les cervelles

● Les faire dégorger à l'eau froide et retirer la peau.

● Les placer dans une casserole d'eau salée et les pocher 4 à 5 minutes. Laisser refroidir. Avant l'emploi, les égoutter et les sécher sur un linge.

● Partager les 4 lobes par la moitié et les escaloper sur l'épaisseur. Saler, poivrer. Mélanger l'œuf et l'huile pour les badigeonner avant de les rouler dans la mie de pain fraîche.

Les tomates

Les émonder, les couper en rondelles fines et les assaisonner de sel et de poivre.

CUISSON

● Frotter fortement à l'ail une plaque assez grande pour recevoir les tomates.

● Étendre sur le fond 1/3 de la crème. Ranger les tomates dessus, les recouvrir de la crème restante et les cuire rapidement au gril pour les glacer.

● Mettre le beurre à chauffer dans une poêle, y disposer les cervelles et faire dorer sur les deux faces. Citronner légèrement.

PRÉSENTATION

Disposer les cervelles au centre d'un plat de service. Garnir le tour avec les tomates à la crème et servir.

foie de veau aux échalotes mauves

Temps de cuisson : 6 minutes

Ingrédients pour 4 personnes	700 g de foie de veau
	160 g d'échalotes
	120 g de beurre
	30 cl de vin rouge
	8 cl de vinaigre de vin
	Sucre
	Sel et poivre
	Farine

MISE EN PLACE

Les échalotes

● Prendre de préférence de grosses échalotes mauves dites « cuisses de poulet ». Les éplucher et les émincer en grosses rondelles. Assaisonner de sel, de poivre et d'une pincée de sucre.

● Dans une petite casserole, les faire suer quelques secondes avec une noisette de beurre. Mouiller avec le vinaigre et le vin rouge. Laisser cuire 4 minutes à couvert.

● Retirer et laisser reposer dans la cuisson. Elles doivent rester craquantes et prendre une belle couleur mauve.

Le foie

● Le détailler en 4 tranches de 1 cm d'épaisseur environ.

● L'assaisonner et le fariner.

CUISSON

● Dans une poêle, assez large pour contenir les tranches de foie, amener 40 g de beurre couleur noisette et les ranger dedans. Cuire 3 minutes environ sur chaque face et déposer dans un plat de service.

● Faire réchauffer les échalotes dans leur cuisson et les répartir sur les tranches de foie.

● Réduire rapidement le liquide de cuisson et monter avec le reste de beurre. S'assurer de l'assaisonnement.

● Napper le foie et les échalotes. Servir aussitôt.

IMPORTANT

La cuisson du foie est fonction de son épaisseur, mais en toute circonstance, il doit rester légèrement rosé. Il est important qu'il soit également saisi sur les deux faces, tout en gardant sa souplesse.

émincé de rognon de veau « tôt fait »

Temps de cuisson : 6 minutes

Ingrédients pour 4 personnes	
Ingrédients *pour* *4 personnes*	800 g de rognons de veau 1 branche de persil 20 feuilles d'estragon 10 pluches de cerfeuil 20 câpres capucines 140 g de beurre 2 cuillerées à soupe de moutarde forte de Dijon Sel et poivre

MISE EN PLACE

● Enlever l'excédent de graisse qui recouvre les rognons. Faire une entaille sur la longueur et retirer le nerf central.

● Les détailler en fines rondelles de 0,5 cm d'épaisseur. Assaisonner de sel et de poivre.

● Équeuter, laver et hacher grossièrement toutes les herbes.

CUISSON

● Faire chauffer le beurre dans une grande poêle. Lorsqu'il devient noisette, ranger les rognons à l'intérieur sans les faire chevaucher. Les faire sauter 3 minutes sur chaque face et les retirer sur un plat de service.

● Ajouter les herbes, les câpres et deux bonnes cuillerées de moutarde dans le beurre de cuisson. Faire bouillir quelques secondes en remuant à l'aide d'une cuillère.

FINITION

Rouler les rognons dans cette sauce courte sans les faire bouillir. S'assurer de l'assaisonnement et servir aussitôt.

GAZETTE GOURMANDE

Ne redoutez pas la quantité de moutarde car elle perd beaucoup de sa force dans cette sauce tranchée.

Ce plat, d'exécution rapide, doit être nerveux et convient parfaitement à des soirées entre copains.

grillons de ris de veau
comme les aimait jean troisgros

Temps de cuisson : 15 minutes

Ingrédients *pour* *4 personnes*	650 g net de ris de veau 200 g d'épinards frais 200 g de champignons sauvages 3 échalotes 20 cl de vin blanc 5 cl de vinaigre de vin rouge 10 cl de fond de veau (p. 22) 200 g de beurre Sel et poivre

MISE EN PLACE

Les ris de veau

● Laisser dégorger les noix de ris de veau 3 heures à l'eau glacée. Changer d'eau et les blanchir 5 minutes.

● Les rafraîchir et les égoutter. Retirer nerfs et peau à la main et détacher les molécules qui se présenteront naturellement. Elles doivent avoir la taille d'une petite noix.

Les épinards

● Les équeuter et les laver.

● Cuire 3 minutes à l'eau bouillante salée. Les rafraîchir et les égoutter en les pressant légèrement pour en extraire l'excédent d'eau.

● Les jeter dans 20 g de beurre noisette. Assaisonner. Réserver au chaud.

Les champignons

● Les nettoyer, les assaisonner et éventuellement les escaloper. Les faire sauter à l'huile puis dans 20 g de beurre noisette.

214

● Au dernier instant, hacher une échalote et la jeter dedans.

● Réserver au chaud.

CUISSON

● Assaisonner les ris de veau de sel et de poivre. Les cuire dans une grande poêle en Téflon avec 50 g de beurre noisette. Les laisser rissoler 10 minutes. Il faut qu'ils soient craquants mais moelleux. Les retirer dans un plat de service avec le beurre de cuisson.

● Faire suer les 2 autres échalotes hachées dans la poêle, déglacer au vinaigre puis au vin blanc. Laisser réduire, ajouter le fond de veau, ramener à ébullition et, hors du feu, monter avec le beurre restant. Rectifier l'assaisonnement.

FINITION

Garnir le fond de 4 assiettes chaudes d'épinards. Recouvrir des grillons et répartir les champignons autour. Napper de la sauce au dernier instant.

HISTOIRE NATURELLE

On distingue deux parties dans le ris de veau : l'une plus ronde, la noix, et l'autre plus allongée, la gorge, que l'on emploie de préférence pour cette recette.

ailerons de volaille en pie

Temps de cuisson : 45 minutes

Ingrédients pour 4 personnes	32 ailerons de volaille, soit 1 kg 4 1/2 tranches de lard fumé 8 œufs de caille 8 beaux champignons de Paris 1 cuillerée de tomate concentrée 20 g de beurre 15 cl de vin blanc 4 échalotes 150 g de feuilletage (p. 288) 1 citron Sauce anglaise Sel et poivre

MISE EN PLACE

● Flamber et parer les ailerons en coupant les extrémités. Retirer l'excédent de peau et faire un petit fond blanc de volaille avec les parures.

● Cuire les œufs de caille 4 minutes à l'eau bouillante, les rafraîchir et les peler.

● Couper les champignons en grosses rondelles et les citronner.

● Émincer les échalotes.

CUISSON

● Dans une cocotte, faire revenir au beurre le lard fumé, puis les champignons. Réserver.

● Dans le même récipient, ranger les ailerons assaisonnés, dorer sur les deux faces et cuire environ 20 minutes. Ajouter alors l'échalote, laisser suer à couvert pendant 5 minutes.

● Retirer l'excédent de gras, déglacer au vin blanc, ajouter le fond de volaille, la tomate concentrée et amener à ébullition.

● Verser quelques gouttes de sauce anglaise et s'assurer de l'assaisonnement.

FINITION

● Choisir un plat à pie ou à défaut utiliser un plat à gratin. Le garnir des ailerons (dont on retire préalablement les deux os intérieurs), des œufs de caille coupés par la moitié, des champignons et du lard fumé.

● Napper le tout de la sauce qui doit être courte (6 bonnes cuillerées environ).

● Abaisser le feuilletage de la taille du plat et recouvrir le tout en fixant bien les bords.

● Dorer au jaune d'œuf après avoir laissé un orifice pour l'évacuation de la vapeur.

● Cuire à four chaud environ 25 minutes.

SERVICE

Présenter le pie, tel quel sur la table. Découper la croûte en quatre et répartir ailerons et garniture dans l'assiette de chaque convive.

ORIGINE

Ce plat est inspiré du « Chicken Pie », grand classique de la cuisine britannique.

Vous trouverez la sauce anglaise dans les magasins spécialisés. D'ailleurs, les amateurs de celle-ci apprécieront que vous laissiez la bouteille sur la table.

galants de volaille
aux aubergines à la vapeur

Temps de cuisson : 25 minutes

Ingrédients	480 g de galants de poulet
pour	4 petites aubergines
4 personnes	20 pièces d'olives vertes
	2 poireaux
	20 cl d'huile d'olive
	1 citron
	Persil, thym, coriandre
	Sel et poivre

MISE EN PLACE

Les galants

Ce petit muscle se trouve dans la gorge de la volaille. Les parer et les faire mariner 2 heures dans l'huile d'olive avec le thym et quelques grains de coriandre.

Les aubergines

● Les choisir petites dans la variété ronde, plus fine au goût. Après les avoir lavées, les partager dans le sens de la longueur.

● Ciseler légèrement la chair et saler.

LA SAUCE

● Dénoyauter les olives et les hacher finement.

● Tailler la partie vert tendre des poireaux en brunoise après les avoir lavés.

● Grouper le tout dans un bol avec 2/3 du jus de citron, l'huile d'olive, du sel et du poivre. Réserver dans un endroit tempéré.

218

CUISSON

● Disposer les 8 moitiés d'aubergines dans une marmite à vapeur, cuire 20 à 25 minutes.

● Saler les galants, les faire sauter 2 minutes à l'huile et compléter l'assaisonnement avec le reste de jus de citron et une bonne poignée de persil légèrement concassé.

PRÉSENTATION

● Dresser les aubergines dans 4 assiettes chaudes, répartir dessus les galants.

● Napper de la sauce légèrement tiède.

IMPROVISATION

Ne trouvant pas de dénomination officielle pour ce muscle, nous l'avons baptisé « galant ». Il a la taille d'un petit sot-l'y-laisse qui, à défaut, le remplacera dans cette recette.

fricassée de volaille au gamay

Temps de cuisson : 35 minutes

Ingrédients pour 4 personnes	
	1 poulet de 1,5 kg
	100 g de lard maigre
	40 g de beurre
	25 cl de vin rouge de la côte roannaise
	4 blancs de poireaux
	15 gousses d'ail en chemise
	1 cuillerée à soupe de tomate concentrée
	5 cl de sang de poulet
	1 bouquet garni
	Sel et poivre

MISE EN PLACE

● Après l'avoir vidé et flambé, découper le poulet en 8 morceaux. Assaisonner de sel et de poivre.

● Couper le lard en petits lardons et les faire blanchir.

● Détailler les blancs de poireaux en rondelles fines.

PRÉPARATION

● Prendre une sauteuse assez large pour que les morceaux ne se chevauchent pas. Faire poêler les lardons avec 10 g de beurre puis les retirer.

● Mettre le poulet à revenir, côté peau en dessous. Après 5 minutes, retourner et dorer l'autre face. Ajouter l'ail en chemise et laisser cuire à couvert 20 minutes. En retenant le couvercle, pencher la casserole et vider le gras de cuisson dans un bol.

● Déglacer au vin rouge, ajouter la tomate concentrée et le bouquet garni. Recouvrir et laisser cuire 10 minutes.

● Parallèlement, faire suer les poireaux dans le gras des lardons. Mouiller légèrement et laisser cuire 20 minutes.

FINITION

● Retirer les morceaux de volaille dans un plat de service.

● Passer le reste au chinois en pressant fortement sur l'ail en chemise, cette opération ayant pour but de lier la sauce et de lui donner un goût très personnel.

● Lier enfin au sang et arrondir la sauce en incorporant le reste de beurre. S'assurer de l'assaisonnement.

● Au dernier moment, joindre les poireaux et les lardons.

GAZETTE GOURMANDE

Le gamay de la côte roannaise est notre vin local. Il a le fruité et la fraîcheur du beaujolais qui peut également convenir.

poularde pochée
à la crème de lentilles

Temps de cuisson : 45 minutes

Ingrédients	1 poularde de 2 kg
pour	150 g de lentilles vertes du Puy
4 personnes	2 carottes
	1 oignon piqué de 2 clous de girofle
	1 bouquet garni
	10 cl de crème
	1/4 de citron
	Sel et poivre

PROGRESSION

● Flamber, vider et brider la volaille. La placer dans une casserole de bonne hauteur, l'entourer des carottes, de l'oignon, du bouquet garni, du cou et des pattes. Mouiller la poularde à hauteur d'eau, saler et cuire à petit bouillon 45 minutes environ.

● Placer les lentilles dans une petite casserole et les recouvrir du fond de cuisson de la volaille. Cuire le temps nécessaire qui varie selon le choix des légumes secs.

FINITION

● Égoutter les lentilles, en réserver 1/4 et passer le reste au mixeur.

● Faire bouillir la crème dans une casserole et lui ajouter la purée, le jus de citron et s'assurer de l'assaisonnement. Ajouter du fond, si besoin est, pour obtenir une sauce assez fluide.

● Débrider la volaille, la découper et recouvrir chaque morceau de la sauce-purée et des lentilles.

A SAVOIR

Il existe plusieurs variétés de lentilles : la brune, la blonde et la verte. Cette dernière, dénommée « du Puy », est à notre avis la plus savoureuse et convient parfaitement à cette préparation.

bresse sautée dans sa sauce foies

Temps de cuisson : 25 minutes

Ingrédients *pour* *4 personnes*	1 poulet de Bresse de 1,8 kg 3 foies blonds de volaille 30 g de foie gras 300 g d'épinards 60 pignons 30 g de beurre 10 cl de crème 2 cl de cognac 4 cl de vin blanc 1 échalote Sel et poivre

MISE EN PLACE

● Flamber, vider et découper le poulet à sauter en 8 morceaux.

● Faire un fond blanc avec la carcasse et le cou. Cuire 30 minutes, le passer et le réduire de façon à ce qu'il n'en reste que 20 cl.

● Hacher l'échalote et la faire suer au beurre.

● Blanchir les épinards, les rafraîchir et les presser pour extraire l'excédent d'eau.

● Poêler les pignons quelques secondes.

LA LIAISON

● Mixer les foies de volaille, le foie gras et les épinards, puis ajouter l'échalote et la crème.

● Réserver l'ensemble au frais.

CUISSON ET SERVICE

● Dans une cocotte assez large, placer les morceaux de poulet assaisonnés dans le beurre noisette. Cuire 25 minutes en les retournant à mi-cuisson. Retirer le poulet dans un plat de service, éliminer le gras excédentaire.

● Déglacer au cognac et au vin blanc. Réduire et ajouter le fond de volaille.

● Lier avec la crème de foies et mijoter quelques minutes avec le poulet. Rectifier l'assaisonnement.

● Présenter sur un plat en parsemant dessus les pignons poêlés.

VARIANTE

La liaison peut devenir farce. Pour cela, ajouter 2 œufs aux 3/4 de celle-ci, en farcir la poularde et la braiser entière. Le 1/4 restant vous servira à lier la sauce.

émincé de pintade
aux nouilles citronnées

Temps de cuisson : 20 minutes

Ingrédients	4 blancs de pintade de 150 g environ
pour	250 g de nouilles
4 personnes	250 g de champignons de Paris
	1 citron
	1 échalote
	5 cl de vin blanc
	200 g de beurre
	Cerfeuil et estragon
	Sel et poivre

MISE EN PLACE

● Faire préparer par votre volailler 4 beaux blancs de pintade en ayant soin de leur garder la peau. Les assaisonner.

● Nettoyer, laver et émincer les champignons. Réserver.

● Zester le citron avec un économe en ne conservant bien que la partie colorée. Blanchir ces zestes, les rafraîchir et les hacher finement. Presser le jus.

● Effeuiller le cerfeuil, hacher l'échalote et l'estragon.

CUISSON

● Faire fondre 50 g de beurre dans une cocotte assez large et y poser les blancs de pintade, côté peau en dessous. Recouvrir, laisser mijoter à feu doux 7 minutes. Retourner les morceaux et terminer la cuisson en arrosant fréquemment.

● Verser l'excédent de gras dans une poêle. Ajouter l'échalote hachée, les zestes de citron et déglacer au vin blanc. Faire réduire, réserver les morceaux de pintade dans un endroit tempéré. Hors du feu, monter la réduction avec le reste de beurre, ajouter les herbes hachées, le jus de citron et rectifier l'assaisonnement.

● Simultanément, cuire les nouilles « al dente », à l'eau bouillante salée. Les égoutter et les assaisonner avec les 2/3 de la sauce ci-dessus.

● Faire sauter vivement les champignons dans le beurre de cuisson des pintades réservé précédemment. Les assaisonner et les égoutter.

DRESSAGE

● Disposer les nouilles en dôme sur le plat de service.

● Émincer les blancs de pintade en languettes et les disposer sur les pâtes.

● Répartir les champignons dessus et napper de la sauce restante.

● Servir aussitôt.

ASTUCE

Le temps de cuisson des nouilles varie suivant leur variété. Pour gagner du temps, on peut les cuire à l'avance et les rafraîchir. Il suffira, au moment de l'utilisation, de les plonger rapidement dans une casserole d'eau bouillante salée.

caissette d'ailes de pintade au fenouil tubéreux

Temps de cuisson : 45 minutes

Ingrédients *pour* *4 personnes*	4 ailes de pintade 2 bulbes de fenouil 10 cl de vouvray doux 40 cl de crème 80 g de beurre 50 g de mie de pain 2 échalotes Fines herbès Sel et poivre

MISE EN PLACE

● Faire préparer par votre volailler 4 ailes de pintade en ayant soin de garder la peau. Retirer le filet mignon qui se détache facilement.

● Couper les 2 fenouils sur la longueur. Réserver une partie du cœur.

● Blanchir les demi-bulbes un bon quart d'heure.

● Préparer une farce légère de la manière suivante : hacher les filets mignons et les cœurs de fenouil. Assaisonner et leur ajouter la mie de pain trempée, la crème, l'échalote hachée et suée au beurre. Mélanger.

PRÉPARATION ET CUISSON

● Ouvrir les filets de volaille par le milieu et les garnir de la farce.

● Préparer 4 assiettes en papier aluminium de 14 cm sur 10. Mettre dans le fond de chacune les demi-bulbes de fenouil, déposer dessus l'aile de pintade assaisonnée, arroser le tout du vouvray et de beurre fondu.

● Enfourner à 200° et rôtir 45 minutes en arrosant très souvent avec le jus qui va se former dans le fond des caissettes. Ajouter de l'eau si l'on constate que celui-ci réduit trop. Le jus devient brun et sirupeux, s'assurer alors de l'assaisonnement et servir.

POURQUOI ?

Mis à part le fait que ces récipients de fortune suppriment la corvée de vaisselle, ils évitent les transvasements qui nuiraient à la délicatesse du jus.

blanc de pintade au genièvre et muscat

Temps de cuisson : 15 minutes

Ingrédients *pour* *4 personnes*	2 pintades de 1,6 kg 60 raisins de muscat 30 grains de genièvre 2 cl de cognac 4 cl de rasteau 40 g de beurre 20 cl de crème fraîche Jus de citron Sel et poivre

MISE EN PLACE

Les pintades

● Les flamber et les vider. Retirer les cuisses et les réserver pour une autre préparation.

● A l'aide d'un couteau effilé, détacher les blancs tout en leur laissant la peau.

● Couper l'aileron au-dessus de l'articulation. Saler et poivrer.

Les raisins

● Choisir des grains de raisin Muscat, bien fermes. Délicatement, retirer la peau avec un petit couteau. Extraire les pépins en prenant soin de ne pas les abîmer.

● Réserver les 40 plus beaux pour la garniture et presser les autres pour obtenir leur jus.

Le genièvre

Écraser légèrement les grains avec le plat d'un couteau.

CUISSON

● Faire chauffer 40 g de beurre dans une casserole de bonne taille et y placer les blancs de pintade, peau en dessous. Poêler 5 minutes. Les retourner et les laisser cuire encore 10 minutes. Réserver sur un plat de service dans un endroit tempéré.

● Retirer la graisse de cuisson et déglacer, dans l'ordre, avec le cognac, le rasteau puis le jus de raisin. Joindre les grains de genièvre. Laisser réduire et ajouter la crème. Ramener à ébullition et à liaison. Vérifier l'assaisonnement en sel, poivre et jus de citron.

● Mijoter les blancs de pintade et les grains de raisin dans la sauce.

● Servir aussitôt.

REMARQUE

On peut faire griller les cuisses après les avoir marinées au citron vert et à l'huile d'olive. Les accompagner alors d'une sauce diable.
Le rasteau est un vin doux des côtes du Rhône. Son utilisation n'est pas exclusive et on peut le remplacer par d'autres vins sucrés comme le muscat de Frontignan.

camaïeu de champignons et pigeon ramier

Temps de cuisson : 30 minutes

Ingrédients	3 pigeons ramiers
pour	120 g de chanterelles
4 personnes	120 g de trompettes de la mort
	120 g de mousserons des prés
	2 cl de cognac
	5 cl de vin blanc
	30 cl de fond blanc de volaille (p. 22) ou d'eau
	1 cuillerée à café de tomate concentrée
	50 g de beurre
	1 cuillerée à soupe de crème
	1 blanc d'œuf
	2 échalotes
	Sel et poivre

MISE EN PLACE

Les pigeons

● Les vider, ne garder que le foie. Détacher les cuisses, lever les poitrines et retirer la peau.

● Assaisonner les filets et les poêler 3 minutes dans 20 g de beurre.

● Réserver au froid. Garder le beurre de cuisson pour les champignons.

La mousse

● Désosser les cuisses, réserver la chair ainsi que les foies 10 minutes au froid.

● Ajouter 1 blanc d'œuf, mixer vivement et passer au tamis fin. Joindre 1 bonne cuillerée de crème fraîche.

Les champignons

● Les nettoyer séparément, les laver à grande eau et les blanchir.

232

● Bien les égoutter et les poêler dans le beurre de cuisson des pigeons. Ajouter les échalotes hachées et assaisonner.

Le jus

● Concasser les carcasses, les faire revenir à four chaud, déglacer avec le cognac et le vin blanc. Laisser réduire de moitié, joindre la tomate concentrée et mouiller à hauteur de fond de volaille ou d'eau.

● Cuire à petit feu 20 minutes, puis passer au chinois fin.

● Rectifier l'assaisonnement en sel et poivre et monter avec 30 g de beurre.

CONFECTION ET CUISSON

● Partager la mousse de pigeon en trois et mélanger chaque tiers avec une variété de champignons.

● Chemiser une terrine de 15 cm sur 10 à l'aide de papier aluminium légèrement beurré.

● Disposer les trompettes de la mort au fond de la terrine, tasser un peu avec le dos d'une cuillère. Ranger les filets de pigeon dessus et recouvrir des chanterelles puis des mousserons.

● Rabattre le papier aluminium et cuire au bain-marie pendant 30 minutes.

FINITION

● Démouler la terrine sur une planche à découper et, à l'aide d'un tranche-lard, tailler 8 tranches.

● Disposer 2 tranches par assiette chaude et napper du jus bouillant.

WARNING !

On peut bien sûr employer d'autres variétés de champignons, mais éviter l'amanite phalloïde !

pigeon à plat dans son jus tranché

Temps de cuisson : 20 minutes

Ingrédients pour 4 personnes	4 pigeonneaux
	1 foie de volaille
	1 chou vert
	4 cl de vin blanc
	2 cl de cognac
	110 g de beurre
	Sel et poivre

MISE EN PLACE

● Flamber les pigeons, les vider, réserver leurs foies dans un bol avec celui de la volaille.

● Les ouvrir sur toute la longueur du dos, les aplatir, les assaisonner.

● Blanchir le chou après avoir éliminé les plus grosses côtes.

CUISSON

● Chauffer 80 g de beurre dans une sauteuse assez large, y ranger les pigeons et les faire colorer doucement sur chaque face.

● Enfourner à 220° et cuire 10 minutes, puis les laisser tiédir pour pouvoir retirer tous les os à l'exception de ceux des cuisses. Réserver dans un endroit tempéré.

● Cuire le chou à l'eau salée et l'égoutter.

LA SAUCE

● Dans la même casserole, faire revenir les foies, déglacer au cognac puis au vin blanc et allonger de 2 cuillerées d'eau.

● Passer l'ensemble au tamis.

● Remettre cette composition dans la casserole. Rectifier l'assaisonnement. Cette sauce donne l'impression d'être tournée, mais en fait elle est tranchée, particularité de cette recette.

FINITION

● Lier le choux avec le beurre restant.

● Mijoter les pigeons dans la sauce et les déposer sur un lit de chou vert lié avec le reste du beurre.

HISTOIRE NATURELLE

Ne cherchez pas le fiel dans le foie du pigeon ; contrairement aux autres volailles, celui-ci n'en a pas.

minute de canard marchand de vin

Temps de cuisson : 5 minutes

Ingrédients pour 4 personnes	
	4 filets de canard de 180 g chacun
	50 g de poitrine de porc salée
	110 g de beurre
	120 g de persil
	6 échalotes
	30 cl de côtes rôti
	1 cuillerée de tomate concentrée
	Sel et poivre

MISE EN PLACE

● Retirer la peau des filets de canard et les découper en fines escalopes d'environ 40 g. Assaisonner et réserver dans un plat de service jusqu'à l'utilisation.

● Couper la poitrine de porc en lardons et les blanchir.

● Équeuter le persil et le cuire 3 minutes à l'eau bouillante salée. Le rafraîchir et l'égoutter comme on pratique pour un légume vert.

● Éplucher et tailler les échalotes en fines rondelles.

CUISSON

● Faire chauffer 40 g de beurre dans une très grande poêle.

● Sauter les escalopes de canard, 15 secondes sur chaque face, en ayant soin de ne pas les piquer pour les retourner. Selon la taille de la poêle, on sera amené à opérer en plusieurs fois. Il suffira alors de débarrasser au fur et à mesure les filets sur une assiette retournée et de les réserver dans un endroit tempéré.

LA SAUCE

● Placer l'échalote dans le beurre de cuisson et la faire légèrement pincée.

● Déglacer avec le vin rouge, ajouter la tomate concentrée et laisser réduire de moitié. Retirer du feu et ajouter, par petits morceaux, 60 g de beurre en fouettant lentement pour l'incorporer.

● Parallèlement, faire sauter les lardons avec 10 g de beurre. Lorsqu'ils deviennent croustillants, ajouter le persil blanchi.

DRESSAGE

● Répartir le canard dans 4 assiettes chaudes.

● Napper de la sauce dans laquelle on incorpore le jus rendu par la viande au repos.

● Déposer dessus les lardons et le persil blanchis.

GAZETTE GOURMANDE

Le côtes rôti est un cru de notre région de petite production. Son caractère très personnel convient parfaitement à cette préparation minute.

poitrine de canette à la rhubarbe

Temps de cuisson : 30 minutes

Ingrédients *pour* *4 personnes*	2 canettes de Barbarie de 1,8 kg chacune 2 branches de rhubarbe 15 cl de vinaigre de vin 10 cl de vin blanc 4 tomates fraîches 50 g de beurre 80 grains de coriandre Huile blanche 30 g de sucre Sel et poivre

MISE EN PLACE

La rhubarbe

L'éplucher à l'aide d'un économe et faire une quarantaine de gros bâtonnets dans la partie la plus tendre.

Les canettes

● Les vider et retirer les cuisses en déboitant à la jointure. Les réserver à un autre usage.

● Assaisonner les coffres et les déposer dans une casserole entourée des cous et des ailerons ; arroser d'une cuillerée d'huile. Cuire à feu vif pendant 25 minutes.

● Au terme de ce temps, les réserver et les laisser reposer au minimum 1 heure.

LA SAUCE

● Retirer le gras de cuisson, déglacer au vin blanc, puis transvaser avec les tomates et les ailerons rissolés dans une petite casserole. Mouiller à hauteur d'eau. Cuire 30 minutes.

● Parallèlement, amener vinaigre et sucre au caramel, joindre le fond de canard et passer. Après réduction, on obtient environ 6 cuillerées de liquide auquel on ajoute les grains de coriandre. Monter avec le beurre.

● Cuire la rhubarbe 15 secondes dans un sirop léger; l'égoutter et l'incorporer à la sauce.

SERVICE

● Pratiquer une incision le long de l'os de la poitrine des canettes jusqu'à la jointure de l'aile que l'on tranchera.

● Tirer dessus pour récupérer les filets. A l'aide d'un couteau à lame fine, les découper en aiguillettes et les disposer en éventail sur 4 assiettes.

● Répartir dessus la rhubarbe et napper de la sauce très chaude.

HISTOIRE NATURELLE

Si nous vous recommandons ici la canette de Barbarie, c'est parce qu'elle présente l'avantage d'avoir des filets plus épais que d'autres variétés.

colvert aux brugnons

Temps de cuisson : 18 minutes

Ingrédients *pour* *4 personnes*	2 canards colverts 4 brugnons 3 oranges 100 g de beurre Huile d'arachide 1 citron 50 grains de poivre blanc Sucre et sel

MISE EN PLACE

● Plumer, flamber, vider les canards après leur avoir tranché le croupion. Les brider.

● Presser le jus des 3 oranges et du citron.

● Laver les brugnons et les disposer dans un plat allant au four, entourés des parures (cous et ailerons) concassées. Recouvrir les brugnons de 20 g de sucre, de 50 g de beurre et ajouter les jus d'orange et de citron.

CUISSON

● Mettre les canards dans une plaque à rôtir, les assaisonner et les arroser d'huile. Les cuire à feu vif 18 minutes à 240º. Il est préférable de le faire à l'avance, la chair se décontracte et devient d'un rose uniforme.

● Parallèlement, enfourner les brugnons à couvert, 20 minutes à 200º. Les retirer ensuite dans un plat de service et passer le jus de cuisson dans une petite casserole. Ajouter 50 g de beurre en petites parcelles et monter au fouet. S'assurer de l'assaisonnement.

FINITION

● Détacher les cuisses des colverts et les réserver pour un autre usage.

● Retirer les filets de la carcasse en incisant le long de l'os de la poitrine, jusqu'à la jointure de l'aile. Les poser sur une plaque. Incruster les grains de poivre, légèrement concassés, dans la peau en faisant pression avec le pouce. Saupoudrer de 10 g de sucre et passer au gril pour obtenir une peau craquante et dorée.

DRESSAGE

● Découper chaque filet en biais pour obtenir 5 médaillons.

● Les disposer en couronne sur 4 assiettes chaudes et garnir le centre des brugnons.

● Passer au four 20 secondes et napper de la sauce chaude.

ACHAT

Choisir les colverts plutôt jeunes, ce que vous reconnaîtrez à la flexibilité du bec. Faute de sauvages, on en trouve de très bons d'élevage.

tourte de canard coupe-fin

Temps de cuisson : 30 minutes

Ingrédients *pour* *4 personnes*	180 g de chair de canard dans la poitrine + le foie 150 g de pommes de terre 1 œuf 10 cl de crème 2 échalotes 2 cl de cognac Cerfeuil Sel et poivre 200 g de feuilletage (p. 288)

MISE EN PLACE

● Dégraisser, dénerver et tailler le foie et la chair de canard en fines lanières. Assaisonner de sel et de poivre.

● Éplucher, laver et couper les pommes de terre en rondelles de 3 mm d'épaisseur.

● Faire suer l'échalote hachée dans de la graisse de canard puis déglacer au cognac et ajouter les éléments ci-dessus.

CONFECTION DE LA TOURTE

● Préparer 2 abaisses rondes de pâte feuilletée, l'une de 14 cm et l'autre de 18 cm de diamètre. Poser la plus petite sur une plaque à pâtisserie humidifiée et la garnir de la farce en prenant soin de laisser une marge tout autour, que l'on humectera. Recouvrir de la seconde abaisse, puis retourner les bords afin que la tourte soit hermétiquement fermée.

● Dorer au jaune d'œuf battu et, à l'aide du dos d'un petit couteau, dessiner un cercle de 12 cm de diamètre.

CUISSON

● Cuire 30 minutes au four à 200°.

● Chauffer la crème et lui ajouter le cerfeuil effeuillé.

● Détacher le couvercle en suivant l'empreinte ronde faite avec le couteau, verser la crème bouillante à l'intérieur du pâté, en la répartissant régulièrement.

● Remettre le chapeau et enfourner encore 10 minutes.

● Retirer et laisser reposer 10 minutes.

SERVICE

Découper devant les convives à l'aide d'un grand couteau de service.
On peut accompagner ce plat d'une salade ou encore d'une sauce au vin.

canard de noël

Temps de cuisson : 1 h 20

Ingrédients *pour* *4 personnes*	1 canard nantais de 2,5 kg environ 24 marrons 140 g de chair de veau 2 échalotes 10 cl de vin blanc 1 œuf 2 cuillerées de crème 30 g de beurre 60 g de mie de pain trempée Persil Huile blanche Sucre Sel et poivre

MISE EN PLACE

Le canard

● Le vider, le brider et l'assaisonner de sel et de poivre.

● Le déposer dans une plaque à rôtir, l'arroser d'une cuillerée d'huile blanche et le cuire à four vif, 20 minutes seulement.

Les marrons

● Avec la pointe d'un couteau, fendre les marrons sur le côté sans trop pénétrer dans la chair. Les étaler sur une plaque et les mettre au four 5 minutes. Les retirer, enlever l'écorce et la pellicule brune qui les recouvre.

● Amener 4 morceaux de sucre au caramel, ajouter les marrons, mouiller à hauteur d'eau, saler largement et cuire 15 minutes sans ébullition.

La farce

● Hacher les échalotes et les faire étuver avec 10 g de beurre.

244

● Hacher le veau, le foie et le cœur du canard.

● Réunir le tout dans un récipient et ajouter l'œuf, la crème, la mie de pain, le persil concassé. Saler et poivrer.

● Bien mélanger le tout.

CONFECTION

● Poser le canard mi-cuit sur le dos, le débrider puis, avec un couteau tranchant, faire une incision sur toute la longueur en suivant l'os de la poitrine, couper à la jointure de l'aile et tirer dessus pour libérer les 2 suprêmes (filets). Les envelopper dans du papier aluminium et les réserver dans un endroit tempéré.

● Avec de gros ciseaux, couper horizontalement et retirer les os de la poitrine. On obtient ainsi une sorte de caisson que l'on garnit de la farce. Le déposer dans une cocotte ovale entouré des parures, recouvrir de 20 g de noisettes de beurre.

● Mouiller avec le vin blanc et 3 verres d'eau. Cuire à four moyen pendant une heure en arrosant fréquemment.

FINITION

● Poser la carcasse farcie sur un plat de service.

● Découper les poitrines en tranches fines et les déposer sur la farce. Entourer des marrons.

● Passer le fond de cuisson au chinois, dégraisser et s'assurer de l'assaisonnement avant de napper le tout et de servir.

POUR GROS APPÉTITS

On peut étoffer ce plat en apprêtant les cuisses. Séparer pilon et gras de cuisse, poêler au beurre pour les recuire légèrement et servir accompagné d'une salade.

lapin de garenne aux rosés des prés

Temps de cuisson : 1 h 30

Ingrédients pour 4 personnes	
	4 cuisses et 4 épaules de lapin de garenne
	300 g de rosés des prés
	4 échalotes
	20 cl de crème fraîche
	20 cl de vin blanc
	1 carotte
	10 g de beurre
	1 bouquet garni
	10 feuilles de basilic
	Sel et poivre

MISE EN PLACE

● Assaisonner les morceaux de lapin et les disposer dans une casserole assez large pour qu'ils ne se chevauchent pas.

● Nettoyer et laver les champignons à grande eau.

● Hacher les échalotes et le basilic.

● Couper 1 carotte en deux sur la longueur et préparer le bouquet garni.

CUISSON

● Faire suer les échalotes au beurre, ajouter les champignons assaisonnés et cuire 3 minutes à couvert. Les retirer et verser le jus de cuisson et le vin blanc sur les morceaux de lapin. Compléter avec suffisamment d'eau pour recouvrir la viande.

● Ajouter la carotte et le bouquet garni. Mijoter à couvert pendant 1 h 10.

● A l'issue de ce temps, retirer les cuisses et les épaules dans un plat de service. Laisser tiédir et détacher les muscles des os afin d'obtenir de petites languettes de viande.

FINITION

● Après avoir retiré le bouquet garni, réduire la cuisson jusqu'à un état sirupeux, joindre alors la crème fraîche et les champignons. Donner un bouillon et passer au mixeur.

● Verser cette purée claire sur le lapin, laisser mijoter encore quelques instants, s'assurer de l'assaisonnement.

● Ajouter le basilic en touche finale.

MARCHÉ

Faute de rosés, on peut utiliser des champignons de Paris. Les choisir alors très blancs, c'est un signe de fraîcheur.

escalopes de râble de lapin panés façon viennoise

Temps de cuisson : 6 minutes

Ingrédients *pour* *4 personnes*	2 râbles de lapin de cabane 8 filets d'anchois au sel 3 œufs 80 g de beurre 24 câpres Mie de pain fraîche Persil Sel et poivre

MISE EN PLACE

● Faire préparer par votre marchand de volaille 2 beaux râbles de lapin. Retirer la fine peau qui les recouvre à l'aide d'un couteau afin de mettre la chair à vif.

● Détacher les 4 filets en rasant les os. Découper dans la longueur de fines escalopes. Les assaisonner légèrement et, après les avoir farinées, les rouler dans 1 œuf battu et les paner à la mie de pain fraîche.

● Cuire 2 œufs durs, 8 minutes à l'eau bouillante. Les rafraîchir et les éplucher.

● Hacher le blanc et le jaune ainsi que le persil.

CUISSON

● Prendre sa plus grande poêle, y mettre le beurre et quand il est noisette, faire dorer les escalopes sur les deux faces. L'opération prend environ 6 minutes.

● Réserver sur un plat de service.

FINITION

● Mettre les anchois dans le beurre de cuisson, additionner d'une cuillerées d'eau. Laisser fondre à feu très doux ;

lorsqu'ils sont en pommade, ajouter les câpres, les œufs et le persil hachés. Mijoter quelques secondes.

● Recouvrir chaque escalope de lapin de cette sauce aux anchois.

● Les pâtes fraîches accompagnent ce plat avec bonheur.

POURQUOI PAS !

On peut réaliser cette recette avec d'autres viandes blanches. Nous pensons entre autres aux filets de dinde vendus au détail.

ailes de faisanes « route des épices »

Temps de cuisson : 20 minutes environ

Ingrédients	2 faisanes
pour	4 yaourts
4 personnes	1/2 citron
	Beurre

Les épices
2 clous de girofle
1 anis étoilé
1/2 bâton de cannelle
1 cuillerée à café de cumin
2 cuillerées à café de coriandre
1 râpée de muscade
6 pistils de safran
1/3 de piment rouge
1 cuillerée à café de paprika
1 gousse d'ail
1/2 oignon

MISE EN PLACE

Les faisanes

● Les plumer, les vider et retirer les cuisses.

● Éliminer les pilons et ne garder que le gras de cuisse.

● Lever les filets (suprêmes), retirer la peau et piquer la chair avec un couteau pointu. Saler. Les déposer dans une cocotte en fonte.

La pâte épicée

● Dans un mortier, ou à défaut dans un récipient creux, piler l'ensemble des épices avec l'ail, l'oignon et une noix de beurre.

● Une fois bien écrasée, passer cette pâte au tamis.

La marinade

Mélanger les épices aux yaourts et recouvrir la viande. Laisser mariner quelques heures.

CUISSON

Déposer la cocotte sur le feu et cuire très lentement, à couvert, pendant environ 20 minutes. Le yaourt va former un appareil épais que l'on récupère avec le jus de cuisson. Fouetter pour obtenir une sauce homogène.

SERVICE

● Pour extrapoler cette fantaisie, ajouter des épices en poudre, des raisins de Corinthe ou toute autre garniture de votre choix.

● Dans tous les cas, napper la volaille et servir de suite.

HISTOIRE

Cette recette est inspirée d'une spécialité indienne, le poulet Tandoori, qui est cuit dans un four spécial en terre. Afin de reproduire cette recette plus fidèlement, vous pouvez rôtir la faisane dans votre four. Comptez alors 30 minutes de cuisson en arrosant de beurre clarifié.

Il faut par ailleurs savoir que la poudre de cari toute prête n'est jamais utilisée en Inde. En effet, chacun élabore son mélange d'épices en fonction de la préparation et au fur et à mesure des besoins.

effilochade de lièvre à la cuillère

Temps de cuisson : 2 heures

Ingrédients *pour* *8 personnes*	1 lièvre dit « trois quarts » 200 g de lard maigre salé 0,5 l de crème double 2 l de vin rouge corsé 1 verre de cognac 1 l de fond de blanc de volaille (p. 22) Sel et poivre
	La garniture 500 g d'échalotes 1 tête d'ail 2 cuillerées de tomate concentrée 1 bouquet garni

MISE EN PLACE

● Dépouiller le lièvre et le vider. Séparer les cuisses, les épaules, le râble et le coffre. Recueillir le sang, le foie et le cœur. Les mixer et les réserver pour la liaison.

● Couper le lard maigre en gros morceaux, le blanchir.

● Émincer l'échalote.

CUISSON

● Dans une cocotte assez spacieuse, grouper les morceaux de lièvre, le lard et la garniture. Recouvrir avec le cognac, le vin rouge et le fond. Saler avec prudence.

● Amener à ébullition, couvrir et laisser cuire à feu très doux pendant environ 2 heures.

FINITION

● Décanter le lièvre et retirer la chair qui se détache facilement des os. L'effilocher légèrement à l'aide d'une fourchette.

● Réduire le liquide de cuisson, ajouter la crème, ramener à ébullition et lier avec la liaison au sang.

● Passer la sauce au chinois fin sur la viande et s'assurer de l'assaisonnement.

● Déguster à la cuillère.

GAZETTE GOURMANDE

Le « trois quarts » est un lièvre de l'année qui pèse environ 6 livres. C'est celui qui convient le mieux à cuisiner.
Nous vous suggérons de servir, en accompagnement, des épinards en branche.

selle de chevreuil
à la purée de haricots rouges

Temps de cuisson : 20 minutes

Ingrédients *pour* *4 personnes*	1 selle de chevreuil de 1 kg 1,5 kg de haricots rouges non écossés ou 400 g de haricots secs 4 poires fermes 40 cl de vin rouge 6 cuillerées de crème fraîche 120 g de beurre 1 bouquet garni Sucre Sel et poivre

MISE EN PLACE

La selle de chevreuil

● La choisir sans trace de coup de fusil.

● La parer à vif à l'aide d'un couteau à lame fine.

● L'assaisonner de sel et de poivre.

La purée de haricots rouges

● Cuire les haricots dans une grande casserole, à l'eau salée. Ajouter le bouquet garni et amener à ébullition et laisser frémir doucement.

● Lorsqu'ils sont prêts, retirer le bouquet garni, les égoutter et les passer au tamis fin.

● Récupérer la purée dans une casserole et la travailler à la cuillère en bois en lui incorporant 20 g de beurre et 2 cuillerées de crème. Sucrer à votre convenance.

● Si vous devez employer des haricots secs, les faire tremper la veille à l'eau froide.

Les poires

● Les éplucher, les couper en dés et les pocher au vin rouge.

CUISSON DU CHEVREUIL

● Faire chauffer 40 g de beurre dans une plaque à rôtir. Rouler la selle dedans et la cuire à four chaud 20 minutes, entourée de ses parures.

● La retirer sur un plat de service et la réserver dans un endroit tempéré, recouverte d'un papier beurré.

LA SAUCE

● Dégraisser et déglacer la plaque à rôtir avec le vin de cuisson des poires. Le réduire, ajouter la crème fraîche et amener à liaison.

● Passer l'ensemble lorsqu'il reste 6 bonnes cuillerées de liquide.

● Ajouter le jus qui s'est échappé de la selle en attente et monter avec 60 g de beurre. S'assurer de l'assaisonnement.

DRESSAGE

Présenter la selle entière, nappée de la sauce, garnie des dés de poires et accompagnée de la purée de haricots rouges.

INSTRUCTIF

Les haricots rouges sont la base de la pâtisserie japonaise. Ils sont également très appréciés en Espagne et en Amérique latine.
En France, on les utilise très peu, excepté en Bourgogne où on les cuit au vin rouge.

6.

LÉGUMES ET SALADES

LÉGUMES

P. AUBERGINES À L'AUBERGINE
E. FILAMENTS DE LÉGUMES « MANOA »
A. CHOU-FLEUR À LA FAÇON DE GRAND-MÈRE FORTÉ
H. POIVRONS VERTS CONFITS À L'HUILE
F. CLAPETS DE PETITS POIS

POMMES DE TERRE

P. ROSES DES SABLES
E. COFFRET POUR CREVETTES GRISES
A. POMMES DE TERRE DES « GASTROPHANES »
H. GAUFRES DE POMMES DE TERRE
F. PALETS AUX TRUFFES NOIRES

SALADES

P. RIS DE VEAU EN SALADE DE TOMATES ET COURGETTES
E. SALADE DE HARICOTS VERTS AUX GASTÉROPODES
A. SALADE « 3 A » AUX FILETS DE ROUGET
H. JULIENNE MULTICOLORE AU BLANC DE POULET
F. SALADE DE CÈPES CRUS SAUCE DE SOJA

aubergines à l'aubergine

Temps de cuisson : 30 minutes

Ingrédients pour 4 personnes	4 aubergines de 150 g 300 g de tomates Huile d'olive 100 g de gruyère râpé Sel et poivre

MISE EN PLACE

● Couper 2 aubergines par la moitié, sur la longueur. Les entailler dans la chair pour que l'assaisonnement pénètre à l'intérieur. Les ranger sur un plat et les saupoudrer de sel et de poivre frais moulu.

● Laisser reposer ainsi 30 minutes afin qu'elles rendent leur eau de végétation.

● Découper les tomates et les aubergines restantes en rondelles de 0,5 cm d'épaisseur et les assaisonner.

CUISSON

● Sauter les 4 demi-aubergines à l'huile d'olive. Les cuire 10 minutes sur la face tranchée, puis les retourner dans un plat à gratin.

● Dans la même poêle, faire revenir les tranches d'aubergines et ensuite les tomates. Les disposer en alternant sur les demi-aubergines. Arroser d'huile.

● Saupoudrer du fromage râpé et terminer la cuisson pendant 20 minutes au four à 220º.

● Laisser reposer quelques minutes avant de déguster.

CHOIX

Il est préférable d'utiliser des tomates dites « Roma » car elles rejettent moins d'eau que d'autres variétés.
En ajoutant une pointe d'ail ou des herbes aromatiques, on peut modifier le goût de ce plat.

filaments de légumes « manoa »

Ingrédients *pour* *4 personnes*	70 g de poireaux 70 g de carottes 70 g de courgettes 25 g de céleri en branche 70 g de concombre 20 g de poivron rouge 20 g de poivron vert 10 g de gingembre 10 cl de vinaigre d'alcool 5 cl de sirop de sucre à 30° Gros sel

PROGRESSION

● Éplucher carottes, concombre, céleri et gingembre.

● Laver poireaux, courgettes et poivrons.

● Détailler tous ces légumes en longs filaments et les réunir dans un saladier. Saler au gros sel et laisser dégorger 2 heures. Au terme de ce temps, rincer à grande eau et essorer dans un linge.

● Mélanger le sirop et le vinaigre, verser sur les légumes et réserver au frais 24 heures avant leur consommation.

À VOTRE GRÉ

Cette préparation, d'inspiration chinoise, se déguste froide, en hors-d'œuvre, ou légèrement tiède pour garnir des plats chauds tels que ris de veau, canard ou porc...

chou-fleur à la façon de grand-mère forté

Temps de cuisson : 1 h 15

Ingrédients	1 chou-fleur d'environ 1 kg
pour	300 g de farce fine
4 personnes	4 tranches de lard maigre
	60 g de beurre
	2 verres de vin blanc
	2 verres de fond de volaille (p. 22)
	1 carotte, 1 oignon, 2 gousses d'ail
	1 bouquet garni
	Sel et poivre

PRÉPARATION

● Retirer les feuilles qui entourent le chou-fleur, le blanchir entier 10 minutes à l'eau salée. Rafraîchir.

● Tapisser une passoire de papier aluminium. Placer dessus le chou-fleur retourné et retirer au maximum le cœur et quelques côtes. Saler et poivrer.

● Garnir de la farce en s'aidant du dos d'une cuillère pour l'introduire le plus possible dans les interstices.

● Recouvrir des tranches de lard et refermer avec le papier argent.

CUISSON

● Faire fondre 30 g de beurre dans une casserole en émail, ajouter la carotte, l'oignon en rondelles, les gousses d'ail et le bouquet garni.

● Poser le chou-fleur à l'endroit sur cette garniture, joindre le vin blanc et le fond de volaille.

● Couvrir et cuire à four moyen environ 1 h 15.

FINITION

● Retirer le chou-fleur à l'aide d'une écumoire et le placer dans un plat de service creux.

● Passer le fond de cuisson au chinois et le monter avec le reste de beurre. S'assurer de l'assaisonnement.

● Retirer le papier qui entoure le chou-fleur et napper de la sauce. Servir tel quel.

PRATIQUE

Vous pouvez vous procurer la farce fine chez votre charcutier. Si vous préférez la confectionner vous-même, faites-la avec du porc ou avec les restes de viande d'un pot-au-feu.

poivrons verts confits à l'huile

Temps de cuisson : 1 h 30

Ingrédients	8 poivrons verts
pour	8 gousses d'ail
4 personnes	10 cl d'huile d'olive
	1 citron
	1 branche de persil
	1 pincée de fleur de thym
	10 g de mie de pain
	Sel et poivre

LES POIVRONS

● Les laver, les saler, et les placer côte à côte dans un sautoir. Parsemer de la fleur de thym, ajouter tout autour les gousses d'ail en chemise et recouvrir d'huile d'olive.

● Cuire à 150° environ 1 h 30. Ils doivent être légèrement colorés.

ASSAISONNEMENT

Rassembler dans un saladier la pulpe d'ail cuite extraite de son enveloppe, le jus de citron, le persil concassé, la mie de pain, du sel et du poivre. Incorporer, en fouettant, l'huile de cuisson des poivrons.

PRÉSENTATION

Aligner les poivrons dans un plat de service et les napper de la sauce chaude.

UTILISATION

Cette préparation accompagne les poissons grillés ou poêlés, ou bien se déguste tout simplement en légume.

clapets de petits pois

Temps de cuisson : 2 minutes

Ingrédients	250 g de petits pois
pour environ	1 œuf entier et 1 jaune d'œuf par clapet
4 personnes	110 g de crème fleurette
	50 g de farine
	35 g de beurre
	Sel

LES PETITS POIS

● Les cuire à grande eau bouillante, salée à raison de 10 g par litre, ne pas les couvrir et maintenir l'ébullition très vive. Dès le point de cuisson atteint, les refroidir rapidement. Toutes ces précautions sont indispensables si l'on veut avoir des petits pois très verts.

● En réserver 1/5 et passer le reste au tamis fin.

L'APPAREIL À CRÊPES

Dans un saladier, grouper la purée de petits pois, la farine, l'œuf, le jaune d'œuf, la crème et une pincée de sel. Travailler le tout et incorporer en dernier lieu le beurre couleur noisette.

CUISSON

Garnir de petites poêles beurrées et chaudes d'une cuillerée d'appareil. Parsemer de petits pois réservés et légèrement écrasés à la fourchette, puis procéder comme pour une crêpe classique.

SERVICE

Les lustrer légèrement au beurre fondu avant de les déguster en légume ou en garniture.

ESTHÉTIQUE

Afin de garder leur couleur verte, très appétissante, les confectionner le plus tardivement possible.

roses des sables

Temps de cuisson : 10 à 15 minutes

Ingrédients pour 4 personnes	12 pommes de terre moyennes 250 g de beurre Sel

PRÉPARATION

● Éplucher les pommes de terre, les laver et, à l'aide d'un couteau à lame fine très aiguisée, former des bouchons de 5 cm de longueur environ. Puis, en tournant sur un axe central, récupérer des rubans le plus longs possible. Peu importe si ceux-ci cassent, on pourra reconstituer par la suite la forme désirée.

● A part, faire clarifier à chaleur douce les 250 g de beurre. Tremper les rubans de pommes de terre dans ce beurre et, en les roulant sur eux-mêmes, leur donner l'aspect d'une rose.

CUISSON

● Les placer sur une plaque à bords bas, les assaisonner légèrement de sel fin et les enfourner pendant 15 minutes à 220º.

● A la sortie du four, poser quelques instants sur la plaque de cuisson pour donner à la partie inférieure une belle coloration.

SERVICE

A l'aide d'une spatule, retourner les roses sur un plat de service. On obtient ainsi une garniture très décorative. C'est également une façon originale d'accompagner une salade.

CONSEILS

Choisir des pommes de terre à chair ferme, de forme allongée, et de la famille des Belles de Fontenay, BF 15 ou Roseval.
L'excédent de beurre peut être réemployé pour de nouvelles préparations.

coffret pour crevettes grises

Temps de cuisson : 20 minutes

Ingrédients pour 4 personnes	8 pommes de terre de taille moyenne (100 g pièce)
	300 g de crevettes grises cuites
	30 cl de crème fraîche
	1 citron
	Ciboulette

MISE EN PLACE

● Décortiquer les crevettes et réserver les queues au frais.

● Laver les pommes de terre non épluchées et les disposer sur un lit de gros sel dans une plaque.

● Ciseler la ciboulette au dernier instant.

CUISSON

● Cuire les pommes de terre au four, 20 minutes à 220°. Les piquer avec la pointe d'un couteau pour s'assurer de la cuisson.

● Puis les décalotter et les vider légèrement à l'aide d'une cuillère. Assaisonner de sel et de poivre. Réserver au chaud.

● Parallèlement, amener la crème à ébullition, y plonger les crevettes et, hors du feu, assaisonner en sel, poivre et jus de citron.

● Au dernier moment, joindre la ciboulette hachée.

PRÉSENTATION

Garnir les pommes de terre de l'appareil et les refermer avec leur couvercle. Servir de suite.

pommes de terre des « gastrophanes »

Temps de cuisson : 20 minutes

Ingrédients *pour* *4 personnes*	5 pommes de terre 20 cl de crème fleurette Ail et thym Gros sel et sel fin

MISE EN PLACE

● Éplucher les pommes de terre, les laver, parer les extré-mités et couper de belles rondelles de 1 cm d'épaisseur. Bien les essuyer individuellement et les frotter, jusqu'à l'usure, avec l'ail coupé par la moitié. Les assaisonner de sel fin.

● Mettre le quart de la crème dans le fond d'une plaque à rôtir et aligner, côte à côte, les rondelles sans qu'elles se chevauchent.

● Napper avec le reste de la crème, parsemer légèrement de fleurs de thym et poser sur chaque rondelle 4 grains de gros sel.

CUISSON

Placer la plaque dans le four en position gril et cuire environ 20 minutes. La crème doit être absorbée par les pommes de terre et chaque rondelle doit avoir une belle couleur dorée.

IDÉE

On peut laisser aller sa fantaisie et trouver d'autres assaison-nements à ce plat. Le romarin peut ainsi remplacer le thym, le poivre vert le gros sel, ou tout simplement on peut poser une lame de gruyère sur chaque rondelle.

gaufres de pommes de terre

Temps de cuisson : quelques minutes

Ingrédients *pour* *4 personnes*	200 g de pommes de terre épluchées 2 œufs entiers et 1 jaune d'œuf 1 cuillerée à soupe de crème 10 cl de lait 30 g de farine Beurre Sel, poivre et muscade

L'APPAREIL

● Cuire les pommes de terre à l'eau légèrement salée. Les égoutter et les passer à la moulinette.

● Dans une grande terrine, incorporer à cette purée la farine, les œufs, le jaune d'œuf, le lait et la crème. Bien mélanger le tout, saler, poivrer et ajouter un peu de noix de muscade.

● Laisser reposer environ 1 heure.

CUISSON

Faire chauffer le moule à gaufres, le graisser au beurre légèrement fondu, puis y verser une petite louche d'appareil que l'on cuit comme on le ferait pour des gaufres classiques.

UTILISATION

Cette préparation constitue un très bon légume avec du beurre frais, ou garnira agréablement une viande en sauce. Nous l'aimons également en dessert avec de la confiture.

palets aux truffes noires

Temps de cuisson : 2 minutes

Ingrédients	500 g de pommes de terre
pour	125 g de farine
8 personnes	40 g de truffes
	1 jaune d'œuf
	40 g de beurre

MISE EN PLACE

● Cuire les pommes de terre dans leur peau, à l'eau salée.

● Hacher les truffes assez finement.

● Clarifier le beurre.

PRÉPARATION

● Éplucher les pommes de terre cuites et les passer au tamis fin ; laisser refroidir légèrement cette purée. La déposer sur une planche ou un marbre et incorporer, à la main, la farine, le jaune d'œuf et les truffes.

● Diviser la pâte en rouleau de 3 cm de diamètre.

● Découper en rondelles et les aplatir à l'aide du dos d'une fourchette en laissant imprimer les reliefs. Elles doivent être de la taille d'une grosse pièce de monnaie.

CUISSON

● Plonger ces palets dans l'eau bouillante et salée, amener à ébullition et laisser cuire 2 minutes. Les retirer à l'aide d'une écumoire et les plonger dans l'eau froide.

● Débarrasser ensuite sur une serviette.

FINITION ET SERVICE

● Faire chauffer le beurre clarifié dans une sauteuse et dorer les palets sur les deux faces.

● Servir aussitôt en accompagnement d'un plat en sauce, ou seul comme légume avec une sauce bolognaise.

INSPIRATION

Bien sûr, les gnocchis de pommes de terre à l'italienne !

ris de veau
en salade de tomates et courgettes

Ingrédients pour 4 personnes	400 g de ris de veau
	6 tomates
	1 petite courgette
	5 cl de vinaigre d'alcool
	5 cl de vinaigre de vin
	10 cl d'huile d'olive
	20 g de beurre
	Basilic, thym et laurier
	Sel et poivre

MISE EN PLACE

Les ris de veau

Les faire dégorger à l'eau froide pendant environ 2 heures, les blanchir, les rafraîchir et les éplucher.

Les tomates

Les émonder et les couper en fines rondelles. Les épépiner et les étaler sur toute la surface de l'assiette.

La courgette

La laver et, sans l'éplucher, la couper en petits bâtonnets de 3 cm de longueur. La blanchir 1 minute à l'eau bouillante salée, la rafraîchir et égoutter.

FINITION

● Découper les ris en escalopes de 1 cm d'épaisseur, les assaisonner et les poêler au beurre noisette. Les colorer sur les deux faces.

● Assaisonner les tomates avec le vinaigre de vin et l'huile d'olive. Saler, poivrer. Faire de même avec les courgettes.

PRÉSENTATION

Disposer les ris de veau sur les tomates, répartir la courgette poêlée dessus et parsemer de basilic. Servir.

salade de haricots verts aux gastéropodes

Ingrédients	600 g de haricots verts fins
pour	240 g de coquillages : bulots, bigorneaux, patelles
4 personnes	8 pièces de champignons de Paris
	1 échalote
	4 cuillerées de crème
	1 1/2 citron
	Ciboulette
	Sel et poivre

MISE EN PLACE

● Cuire les coquillages 3 à 5 minutes dans un court-bouillon très relevé. Les laisser refroidir dans leur cuisson, puis retirer la chair de la coquille en prenant bien soin d'enlever les intestins.

● Cuire les haricots craquants et très verts selon la méthode habituelle.

● Parer, laver et émincer les champignons, assez épais. Les citronner afin qu'ils gardent leur blancheur.

LA SAUCE

Dans un bol, mélanger, dans l'ordre, le jus de citron, le sel, le poivre et la crème.

FINITION

● Regrouper tous les ingrédients dans un saladier, y compris l'échalote hachée.

● Napper de la sauce et mélanger délicatement.

● Servir à même le saladier ou dresser à l'assiette au dernier instant après avoir parsemé de ciboulette, fraîchement coupée.

FANTAISIES

Partant de cette recette, on peut apporter des variantes en utilisant des moules décortiquées, des crustacés ou même les deux.

salade « 3 A » aux filets de rouget

Ingrédients pour 4 personnes	2 avocats
	3 artichauts à fond (bretons de préférence)
	1 aubergine
	400 g de filets de rougets désarêtés
	8 cl de vinaigre de xérès
	20 cl d'huile d'olive vierge
	2 filets d'anchois salés
	Cerfeuil
	Sel et poivre

MISE EN PLACE

● Tourner les fonds d'artichauts à l'aide d'un petit couteau, les citronner et les cuire à l'eau salée. Réserver au frais.

● Couper les avocats en quatre. Les éplucher et les émincer en lamelles de 0,5 cm d'épaisseur.

● Laver l'aubergine, la détailler en 12 tranches. Saler.

● Sur le coin du feu, faire fondre 2 filets d'anchois dans une petite casserole avec 8 cl d'huile d'olive pendant 2 à 3 minutes. Puis incorporer 6 cl de vinaigre de xérès. Saler et poivrer si besoin est.

PRÉPARATION

● Retirer le fond des artichauts et les émincer de la même façon que les avocats.

● Assaisonner les filets de rouget et les poêler rapidement à l'huile d'olive. Les tenir légèrement en sous-cuisson.

● Poêler également les tranches d'aubergine.

DRESSAGE

● Présenter les avocats et les artichauts dans 4 assiettes, nappés de la sauce aux anchois.

● Décorer des filets de rouget et des tranches d'aubergine puis recouvrir abondamment de fanes de cerfeuil.

POURQUOI ?

3 A = Avocat + Artichaut + Aubergine.

julienne multicolore au blanc de poulet

Ingrédients
pour
4 personnes

320 g de blanc de volaille
Fond de volaille (p. 22)

La sauce vinaigrette
2 cuillerées à soupe de vinaigre de vin
4 cuillerées à soupe d'huile d'arachide
1 cuillerée à café de moutarde blanche

La julienne
200 g de carottes
150 g de betteraves rouges crues
200 g de concombre
2 blancs de poireaux
2 branches de céleri dans le cœur
Sel et poivre

MISE EN PLACE

Les légumes

Découper en julienne longue et fine les différents légumes et les mettre à tremper 5 minutes dans l'eau glacée.

La volaille

Découper les blancs en fines aiguillettes. Les assaisonner.

PRÉPARATION

● Pocher la volaille 2 minutes dans du fond blanc corsé et les transvaser dans 1/4 de la sauce vinaigrette.

● Essorer la julienne de légumes dans un linge et assaisonner avec le restant de sauce.

DRESSAGE

Répartir la julienne dans 4 grandes assiettes, déposer dessus les blancs de volaille tièdes et servir de suite.

REMARQUE

Sous l'action de l'eau glacée, la julienne se crispe, ce qui lui donne du croquant et du volume pour le dressage.

salade de cèpes crus sauce de soja

Ingrédients
pour
4 personnes

500 g de cèpes de Bordeaux *(Boletus Edulis)*
2 petites échalotes
8 cl de vinaigre de vin
4 cl de sauce de soja
16 cl d'huile d'olive
Sel et poivre

LES CÈPES

● Les choisir de taille moyenne, fermes et la tête bien ronde car on n'utilise que celle-ci. Les passer sous le robinet d'eau froide et les essuyer immédiatement dans un linge sec. Les escaloper en tranches de 1 cm d'épaisseur. Les saler, ce qui a pour effet de les assouplir et de leur faire rendre l'eau de végétation.

● Les répartir dans 4 grandes assiettes en constituant un décor (rosace, chevron, etc.) et réserver 20 minutes.

LA SAUCE

Dans un bol, mélanger le vinaigre, la sauce de soja, l'huile et l'échalote hachée. Poivrer mais ne pas saler.

FINITION

5 minutes avant de servir, napper les champignons de la sauce et laisser dans un endroit tempéré (au-dessus de la cuisinière par exemple).

A SAVOIR

La sauce de soja est faite à base de graines de soja, elle s'emploie comme condiment dans la cuisine asiatique. On la trouve en flacons dans tous les grands magasins d'alimentation.

7.

ENTREMETS

PÂTES

- PÂTE SUCRÉE
- PÂTE FEUILLETÉE
- NOTRE PÂTE À BRIOCHE

DESSERTS AUX AGRUMES

P. LE RUBIROSA
E. MASCOTTE AU CITRON
A. SANGUINE D'ORANGES ET PAMPLEMOUSSES
H. SOUPE DE RIZ AUX KUMQUATS
F. GALETTE À L'ORANGE

DESSERTS AUX POMMES

P. GALETTES DE POMMES AU SIROP DE MIEL
E. FLAN DE POMMES AUX MENDIANTS
A. TARTE SOUFFLÉE POMMES-RIZ
H. TUILES À L'ORANGE AUX POMMES BEURRÉES
F. GOLDEN CAKE

DESSERTS AUX FRUITS DIVERS

P. BROCHETTES DE FRUITS AUX MILLE COULEURS
E. GELÉE DE PÊCHES BLANCHES AU PINOT NOIR
A. FIGUES FRAÎCHES AU SABAYON ACIDULÉ
H. « CRISPUS » À L'ANANAS
F. GÂTEAU DE NOIX

FRUITS EXOTIQUES

P. ANANASSIER
E. MILLAS AUX FIGUES
A. GÂTEAU DE THÉ AU JASMIN À LA MERINGUE
H. BEIGNETS DE BANANES « RETOUR DE CHINE »
F. CARNAVAL DE FRUITS EN CHAUD-FROID

TARTES

P. TARTE DE GOYAVE « JARDIN BOTANICO »
E. TARTE MI-FIGUE MI-RAISIN
A. TARTE AUX AMANDES EFFILÉES
H. BRILLANT AU CARAMEL
F. TARTE BEAUJOLAISE AUX POIRES

PÂTISSERIES LÉGÈRES

P. LUNE DE MIEL
E. MACARONS AUX FRAISES DES BOIS
A. CHARDON AU CASSIS
H. PERCE-NEIGE
F. LA PALETTE DU PEINTRE

DESSERTS AU CHOCOLAT

P. LE ZAÏROIS
E. TRUFFES CHOCOLAT À LA VERVEINE
A. COCONUTS CHOCOLATE
H. ONDULÉ
F. PAVÉ DE CHOCOLAT À LA FEUILLE D'OR

FEUILLETÉS

P. MILLEFEUILLE AUX FRAISES ÉCRASÉES
E. ÉTOILES DU SUD AUX GRAINES DE SÉSAME
A. TOKAPIS AU CAFÉ
H. AILETTES AUX POIRES
F. FEUILLETS AU CHOCOLAT MOUSSE

SOUFFLÉS

P. SOUFFLÉ AU CITRON VERT
E. SOUFFLÉ AUX CERISES DANS LA POÊLE
A. SOUFFLÉ DANS L'ORANGE
H. SOUFFLÉ « CARAMÉLINE »
F. SOUFFLÉ «JASMINA»

GLACES ET SORBETS

P. GLACE À LA CHICORÉE
E. GRANITÉ AU CÉLERI BRANCHE
A. SORBET AUX POMMES ROUGES
H. CRÈME GLACÉE AUX PRALINES ROSES
F. SORBET AUX GRIOTTES À L'EAU-DE-VIE

pâte sucrée

Ingrédients   125 g de farine
pour 1 tarte   50 g de beurre
de 8 personnes   1 pincée de sel
   60 g de sucre
   2 jaunes d'œufs

PRÉPARATION

● Former une fontaine avec la farine.

● Dans le centre, mettre le beurre ramolli, le sucre, le sel et ajouter les jaunes d'œufs un par un. Détendre avec quelques gouttes d'eau.

● Incorporer la farine petit à petit et fraiser avec la paume de la main.

● Débarrasser la pâte dans un plastique et la réserver au frais jusqu'à utilisation.

pâte feuilletée

Ingrédients	250 g de farine
pour	250 g de beurre
10 personnes	1 dl d'eau
	7 g de sel

LA DÉTREMPE

● Disposer la farine en fontaine. Ajouter le sel et l'eau au centre.

● Mélanger vivement avec une seule main en amenant petit à petit la farine. Éviter de pétrir car la détrempe prendrait du corps.

● Former une boule, couper le dessus en croix et la réserver dans une assiette 20 minutes au froid.

LE BEURRE

● Entre deux feuilles de plastique, le taper à l'aide d'un rouleau à pâtisserie pour l'assouplir. Former un rectangle.

● Aplatir la détrempe sur une épaisseur de 3 cm. Poser le rectangle de beurre au centre et rabattre les angles à la manière d'une enveloppe pour l'enfermer.

● Fariner légèrement la table de travail et tapoter la pâte pour obtenir une abaisse d'une épaisseur régulière d'environ 6 cm.

LES TOURS

Le procédé est le même pour les 6 tours à donner :

● Étendre la pâte en un rectangle de 2 cm d'épaisseur que l'on plie en trois à la manière d'un portefeuille pour obtenir ce que l'on appelle le « pâton ».

● Donner un quart de tour à ce pâton en procédant toujours de gauche à droite.

● Faire le deuxième tour puis laisser reposer dans un plastique pendant une vingtaine de minutes.

● Procéder ensuite aux troisième et quatrième tours.

● Les deux derniers tours, eux, ne sont donnés que quelques instants avant d'utiliser le feuilletage.

CONSEIL

L'utilisation d'une table très froide est toujours préférable dès qu'il s'agit de feuilletage, car il est important de travailler la pâte au frais.

notre pâte à brioche

Ingrédients	250 g de farine
pour	50 g de sel
8 personnes	5 g de levure de boulanger
	3 œufs
	1 cuillerée à café d'huile d'olive
	1 cuillerée à café de rhum
	125 g de beurre
	30 g de sucre semoule

PRÉPARATION

● Dans un saladier, mélanger à la main farine, sel, levure, œufs afin d'obtenir une pâte homogène.

● Accélérer ensuite le mouvement et travailler jusqu'à ce que la pâte se décolle des parois.

● Incorporer l'huile d'olive, le rhum, le beurre ramolli et le sucre. Débarrasser le tout dans un récipient et laisser fermenter à chaleur ambiante pendant 2 ou 3 heures ; la pâte va alors doubler de volume.

● Au terme de ce temps, fariner largement la table de travail et étaler la pâte à la main. Puis la replier sur elle-même plusieurs fois en appuyant fortement avec la paume.

● La remettre dans le récipient pour une seconde fermentation de 2 ou 3 heures, en prenant soin de la couvrir d'un linge sec.

● Réserver ensuite au frais jusqu'au lendemain.

FINITION

● Détailler la pâte suivant la quantité désirée, et reformer une boule.

● Laisser reposer environ 3 minutes pour lui faire prendre du corps. On peut alors l'abaisser comme un fond de tarte.

le rubirosa

Temps de cuisson : 13 minutes

*Ingrédients
pour
6 personnes*

250 g de pâte sucrée (p. 287)

L'appareil chocolat
50 g de chocolat (couverture)
1 cuillerée à soupe de crème
1 cuillerée à soupe de sucre
1 œuf

L'appareil pamplemousse
4 pamplemousses rosés
100 g de beurre
100 g de sucre
3 œufs
1 feuille de gélatine

LE FOND DE TARTE

● Foncer un fond de tarte en pâte sucrée dans un cercle de 25 cm de diamètre.

● Garnir ce fond d'un papier sulfurisé, le recouvrir de légumes secs et cuire au four 10 minutes, à 200°.

● Au terme de ce temps, retirer le papier et son contenu, repasser 3 minutes au four pour terminer la cuisson.

L'APPAREIL CHOCOLAT

● Faire fondre la crème et le chocolat dans une casserole. Hors du feu ajouter l'œuf et la cuillerée de sucre. Verser cet appareil dans le fond de tarte et remettre au four 3 minutes.

● Laisser refroidir l'ensemble.

L'APPAREIL PAMPLEMOUSSE

● Grouper le jus de 2 pamplemousses, le beurre et le sucre dans une casserole. Porter à ébullition et verser sur les œufs légèrement battus. Remettre à cuire jusqu'à épaississement.

● Hors du feu, ajouter la feuille de gélatine trempée à l'eau froide.

● Verser cette crème dans la tarte et garder au frais.

LES PAMPLEMOUSSES

● Peler les 2 derniers à vif. Détacher les quartiers en passant la lame entre la pulpe et la membrane.

● Les disposer en rond sur le gâteau que l'on dégustera glacé.

NOTRE CHOIX

Nous préférons la subtilité du pamplemousse rosé. Sa fraîcheur et l'amertume du chocolat nous paraissent constituer un heureux mariage.

mascotte au citron

Ingrédients *pour* *8 personnes*	**La génoise** 4 œufs 125 g de sucre 125 g de farine 20 g de beurre pour le moule 150 g d'amandes effilées
	La mousse au citron 2 citrons 170 g de sucre 3 œufs 25 g de beurre 100 g de crème
	Le sirop 2 cl de liqueur à l'orange 50 g de sucre

LA GÉNOISE

● Joindre le sucre et les œufs dans une sauteuse. Disposer dans un bain-marie sur le coin du feu. Fouetter jusqu'à ce que le volume ait augmenté d'un tiers ; le mélange doit rester tiède et faire le ruban. Ajouter la farine et bien mélanger le tout hors du feu.

● Beurrer et fariner un moule de 25 cm de diamètre sur 5 cm de hauteur. Verser l'appareil dedans et cuire à 160° pendant 30 minutes.

● Sortir la génoise du four, la démouler sur une grille et la laisser refroidir.

LA MOUSSE AU CITRON

● Réunir dans une casserole les zestes râpés, 150 g de sucre, les œufs et le jus des citrons. Amener à ébullition en fouettant vivement. Retirer du feu et incorporer le beurre. Laisser refroidir.

● Monter la crème en chantilly avec 20 g de sucre et mélanger à l'appareil au citron à l'aide d'une spatule en bois.

● Réserver au frais.

LE SIROP

Amener 10 cl d'eau et 50 g de sucre à ébullition. Laisser refroidir et ajouter la liqueur.

CONFECTION DU GÂTEAU

● Réserver 1/3 de la mousse au citron.

● Diviser la génoise horizontalement en 3 parties égales et les imbiber de sirop.

● Recouvrir la première avec la moitié de la mousse, puis poser la deuxième, étaler le reste et coiffer de la tranche.

● Masquer entièrement la surface et le tour du gâteau avec la mousse réservée. Garder au frais.

FINITION

● Passer les amandes effilées quelques secondes au gril en les remuant pour obtenir une couleur dorée uniforme.

● Prendre le gâteau sur une main, et de l'autre habiller le tour en fixant les amandes.

IDÉE

En garnissant un fond de tarte sucrée de cette mousse au citron, vous obtiendrez un dessert également très frais et peut-être plus facile à réaliser.

sanguine d'oranges et pamplemousses

Ingrédients pour 4 personnes	
Ingrédients	8 oranges
pour	3 pamplemousses
4 personnes	1 citron
	100 g de sucre
	3 cl de liqueur d'orange
	4 cl de sirop de grenadine

MISE EN PLACE

● Peler 3 pamplemousses et 6 oranges à vif. Au-dessus d'un bol, à l'aide d'un petit couteau, séparer les quartiers en suivant chaque membrane. Récupérer le jus qui s'écoule lors de cette opération.

● Presser le citron et les 2 autres oranges après avoir préalablement râpé la peau de l'une d'elles.

PROGRESSION

● Amener 50 g de sucre et 5 cl d'eau au caramel brun clair puis ajouter les zestes d'orange, la liqueur d'orange, la grenadine et le jus des fruits. Laisser bouillir et fouetter jusqu'à ce que le caramel soit entièrement fondu. En recouvrir les agrumes et laisser refroidir. Réserver au frais dans des assiettes creuses individuelles ou dans un saladier.

● Faire un second caramel avec 50 g de sucre et 5 cl d'eau. Quand il arrive à coloration brune, le retirer et le remuer avec une fourchette jusqu'à épaississement et léger refroidissement.

● En utilisant toujours la fourchette, et au-dessus de chaque assiette, donner un mouvement de va-et-vient rapide avec le poignet. De petits fils de caramel forment ainsi un voile. Servir aussitôt.

WARNING !

Le travail du caramel exige beaucoup d'attention et de prudence. Prenez garde aux brûlures !

soupe de riz aux kumquats

Temps de cuisson : 30 minutes

Ingrédients *pour* *4 personnes*	20 kumquats 120 g de riz à entremets 0,5 l de lait 2 jaunes d'œufs 400 g de sucre semoule

MISE EN PLACE

Les kumquats

● La veille, les laver, enlever le pédoncule et les découper en deux, en prenant soin de retirer les pépins. Les blanchir fortement.

● Préparer le sirop en portant à ébullition 0,5 l d'eau additionnée de 300 g de sucre. Y jeter les kumquats blanchis et cuire environ 10 minutes.

● Retirer du feu et laisser confire toute la nuit dans le sirop.

● Le lendemain, les égoutter sur une grille.

Le riz

● Le laver, le blanchir et l'égoutter. Le plonger dans le lait bouillant additionné de 100 g de sucre. Cuire 30 minutes à feu très doux.

● Retirer, lier avec les 2 jaunes d'œufs et joindre 12 demi-kumquats coupés en six.

DRESSAGE

● Répartir le riz dans 4 assiettes à dessert, creuses de préférence, et laisser tiédir.

● Disposer les kumquats dessus, placer une cuillerée de sorbet aux fruits rouges au centre (cassis, framboise, fraise...) et déguster.

A SAVOIR

Le kumquat est une orange naine de la taille d'un œuf de caille. On le trouve chez les primeurs spécialisés en fruits exotiques.

galette à l'orange

Temps de cuisson : 20 minutes

Ingrédients	3 grosses oranges (navels sans pépins)
pour	250 g de pâte à brioche (p. 290)
6 personnes	0,5 l de sirop à 20º

La crème d'amandes
50 g de poudre d'amandes
50 g de sucre
50 g de beurre
1 œuf
1 cuillerées à café de farine
Zeste de 1/2 orange et de 1/2 citron
2 cl de rhum

MISE EN PLACE

Les oranges

● Les découper en tranches de 5 mm d'épaisseur. Éliminer les extrémités et reformer les fruits. Les ranger dans une casserole et les recouvrir du sirop à 20º.

● Porter à ébullition et laisser confire à feu doux durant 1 h 30.

● Faire refroidir dans le sirop de cuisson et conserver au frais.

La crème d'amandes

Dans un bol, mélanger vivement le beurre en pommade, le sucre, l'œuf, la poudre d'amandes, la farine, le zeste d'orange et de citron et le rhum. L'appareil doit être bien homogène.

La brioche

● Abaisser la pâte en un rond de 20 cm de diamètre. Rabattre légèrement les bords sur 1 cm pour former une bordure.

● Retourner l'abaisse, puis piquer l'intérieur de la galette à l'aide d'une fourchette.

MONTAGE

● Étaler la crème d'amandes sur la surface de l'abaisse avec une spatule. Disposer dessus les rondelles d'oranges, préalablement égouttées.

● Laisser reposer l'ensemble quelques minutes à température ambiante, puis cuire 20 minutes à 200°.

● Débarrasser sur une grille.

● Lustrer avec le sirop de cuisson, légèrement réduit.

PARTICULARITÉ

Cette galette doit être dégustée tiède, environ 20 minutes après sa sortie du four. En l'accompagnant d'une glace vanille, vous créerez un charmant dessert chaud-froid.

galettes de pommes au sirop de miel

Temps de cuisson : 15 minutes

*Ingrédients
pour
4 personnes*

6 pommes granny-smith
4 cuillerées à dessert de miel
50 g de beurre
4 cl de calvados
1/2 citron
Sucre semoule et sucre glace

La pâte fine
100 g de farine
70 g de beurre
2 g de sel
4 g de sucre
Huile

MISE EN PLACE

La pâte (à préparer la veille)

● Grouper la farine, le beurre assez ferme, le sel, le sucre et une goutte d'huile dans un mixeur. Mélanger et incorporer 5 cl d'eau. Donner quelques tours en prenant soin que des particules de beurre apparaissent à travers la pâte.

● Réserver au frais dans un sac en plastique.

Les tartes

● Aplatir finement la pâte et détailler 4 ronds de 18 cm de diamètre.

● Les poser sur une plaque en téflon et les garnir des pommes finements émincées.

● Badigeonner la surface de 25 g de beurre fondu et sucrer légèrement.

CUISSON

● Enfourner environ 15 minutes à 220º.

● A la sortie du four, retourner les tartes et les saupoudrer de sucre glace. Les passer à la salamandre. Le sucre, en caramélisant, forme une pellicule brillante et craquante.

● Faire chauffer le miel dans une casserole, ajouter quelques gouttes de citron et vanner avec le reste de beurre.

● Parfumer avec le calvados.

DRESSAGE

● Laisser tiédir les tartes environ 15 minutes et les dresser sur 4 grandes assiettes.

● Napper du sirop de miel chaud.

● Ces galettes s'accommodent parfaitement d'un sorbet au citron.

flan de pommes aux mendiants

Temps de cuisson : 15 minutes

Ingrédients pour 4 personnes	
	4 pommes (golden)
	8 abricots frais ou au sirop
	50 g de raisins de Smyrne
	16 cerneaux de noix
	2 œufs
	100 g de beurre
	25 cl de lait
	75 g de sucre

MISE EN PLACE

● La veille, tremper les raisins dans du sirop à 30°.

● Les égoutter et réserver le sirop pour un autre emploi.

● Éplucher et évider les pommes, les tailler en cubes de 2 cm.

● Dénoyauter et couper les abricots en quatre.

● Concasser légèrement les noix.

● Préparer l'appareil à flan en mélangeant dans un bol le lait, les œufs et 25 g de sucre.

CUISSON

● Faire chauffer une poêle avec 100 g de beurre. Lorsqu'il est noisette, ajouter les pommes et les abricots. Saupoudrer de 50 g de sucre. Cuire en remuant fréquemment jusqu'à caramélisation.

● Ajouter les raisins et les noix puis laisser tiédir.

● Répartir les fruits dans 8 ramequins et recouvrir de l'appareil à flan. Cuire 15 minutes au bain-marie à 180°.

● Aussitôt retirés du four, saupoudrer de sucre glace et passer à la salamandre.

DÉGUSTATION

Ce flan se déguste tiède ou froid à même les ramequins.

VARIANTE

Vous obtiendrez un clafoutis en le moulant dans un fond de tarte précuit.

tarte soufflée pommes-riz

Temps de cuisson : 30 minutes

Ingrédients
pour
4 personnes

250 g de pâte sucrée (p. 287)
2 blancs d'œufs
20 g de sucre

La compote
6 pommes (golden)
25 g de sucre
1/2 de citron
3 cl de calvados

Le riz
100 g de riz patna (ou spécial entremets)
40 cl de lait
40 g de sucre
1 gousse de vanille
2 jaunes d'œufs

FOND DE TARTE

● Abaisser la pâte sucrée et la foncer dans un cercle de 20 cm de diamètre.

● La garnir d'un papier sulfurisé, remplir de légumes secs et cuire 10 minutes à 200º.

COMPOTE

● Éplucher et couper les pommes en gros quartiers. Les cuire avec 25 g de sucre et le jus de citron.

● Laisser tiédir et ajouter le calvados.

LE RIZ

● Faire bouillir le lait puis y verser le riz préalablement lavé et joindre la gousse de vanille fendue en deux sur la longueur. Cuire à couvert 30 minutes.

● En fin de cuisson, le lait étant tout absorbé, retirer la vanille et ajouter les 2 jaunes d'œufs et le sucre.

● Remettre cet appareil sur le feu pour le lier, puis réserver à couvert.

FINITION

● Étaler la compote de pommes dans le fond de tarte précuit.

● Monter les blancs en neige, ajouter 20 g de sucre pour les raffermir et les mélanger délicatement au riz encore chaud.

● Répartir cet appareil sur la compote et enfourner 30 minutes à 200°. Laisser refroidir et retirer le cercle.

RAFFINEMENT

Au terme de la cuisson, on peut saupoudrer le gâteau de sucre glace et le passer sous le gril. Les petites perles de caramel qui se forment alors produisent le meilleur effet.

tuiles à l'orange aux pommes beurrées

Temps de cuisson : 5 minutes pour les tuiles
20 minutes pour les pommes

Ingrédients
pour
4 personnes

Les tuiles à l'orange
100 g de beurre
1 orange
10 cl de jus d'orange
200 g d'amandes hachées
200 g de sucre semoule
90 g de farine
3 cl de Grand Marnier

Les pommes beurrées
8 tuiles à l'orange
4 grosses pommes
75 g de beurre
40 g de sucre semoule

PRÉPARATION DES TUILES

● Dans un bol, amener le beurre en pommade en le travaillant et lui ajouter, dans l'ordre, le sucre, les amandes, le zeste et le jus d'orange, en terminant par la farine et le Grand Marnier.

● Laisser reposer cet appareil au minimum 1 heure.

CUISSON DES TUILES

● Sur une plaque en téflon, étaler l'appareil à l'aide d'une fourchette trempée dans l'eau froide, jusqu'à ce que l'on obtienne des ronds de 6 cm de diamètre. L'épaisseur devra être égale afin d'obtenir une cuisson uniforme.

● Enfourner à 220° et cuire jusqu'à coloration, soit 5 à 7 minutes.

● A la sortie du four, mouler dans une gouttière ou, à défaut, sur un rouleau à pâtisserie.

PRÉPARATION DES POMMES

● Éplucher et couper les pommes par la moitié. Les émincer sans les séparer.

● Les ranger sur une plaque à bords relevés. Saupoudrer de sucre semoule et parsemer de beurre en petites noix. Ajouter 5 cl d'eau et cuire 20 minutes à four vif.

PRÉSENTATION

Garnir délicatement chaque tuile avec une demi-pomme cuite, déposer 2 pièces par assiette et servir aussitôt accompagné d'une glace vanille fraîchement tournée.

golden cake

Temps de cuisson : 15 minutes

Ingrédients
pour
8 personnes

4 pommes golden
2 cuillerées à soupe de miel
5 cl d'armagnac
40 g de beurre
Huile d'arachide

La pâte
250 g de farine
3 œufs
6 dl de lait
1 orange
1 citron
Sucre et sel

MISE EN PLACE

La pâte

● La préparer 1 heure à l'avance afin qu'elle perde son élasticité.

● Dans un bol, mélanger au fouet la farine et les œufs. Délayer peu à peu avec le lait, ajouter une cuillerée de sucre et une pincée de sel.

● Hacher les zestes d'orange et de citron et les incorporer à l'appareil.

Les pommes

● Les éplucher, les évider et les tailler en dés de 1 cm de côté.

● Les poêler vivement au beurre jusqu'à coloration et les réserver au chaud.

La sauce

Dans une casserole, grouper 15 cl d'eau, le miel, l'armagnac et les jus d'orange et de citron. Amener à ébullition et incorporer 20 g de beurre.

CUISSON

● Huiler généreusement 16 petits moules à tarte individuels. Les disposer sur une plaque et les placer dans un four très chaud (250°). Lorsque l'huile est fumante, les remplir à ras bord de pâte.

● Cuire 5 minutes à cette température, éteindre le four et terminer la cuisson jusqu'à ce que les puddings se raffermissent.

SERVICE

Répartir la sauce et les pommes sur chaque assiette. Y déposer 2 golden cake par personne.

OBSERVATION

Le zeste est seulement la partie colorée des agrumes, celle qui détient tout le parfum. C'est pourquoi il est nécessaire d'éviter la chair blanche qui, elle, est amère. S'il en subsiste, il est absolument nécessaire de la retirer. Il faut par ailleurs prendre soin de trancher ces zestes très finement.
Cette recette est une simple transposition du classique Yorkshire Pudding anglais en dessert.

brochettes de fruits aux mille couleurs

Temps de cuisson : 8 minutes

Ingrédients *pour* *4 personnes*	2 pêches pochées 2 poires 4 abricots 4 pruneaux cuits au sirop 2 kiwis 2 tranches d'ananas épaisses 1 banane 8 grains de raisin blanc 8 grains de raisin rouge 8 fraises 1 grosse orange 80 g de beurre 20 cl de sirop de sucre 2 cl de pastis Sucre semoule 8 brochettes

PRÉPARATION

● Couper les pêches, les poires, les abricots secs et les pruneaux en deux.

● Couper les kiwis et les tranches d'ananas en quatre.

● Détailler la banane en 8 morceaux égaux.

● Épépiner les raisins et équeuter les fraises.

● Éplucher l'orange à vif et prélever les quartiers.

● Embrocher ces fruits en alternant les couleurs. Les pruneaux au milieu, les fraises et raisins aux extrémités.

CUISSON

● Choisir une plaque rectangulaire, assez grande pour contenir les 8 brochettes. Les recouvrir de 20 cl de sirop de sucre. Répartir 40 g de beurre en petites noisettes et saupoudrer légèrement de sucre en poudre. Enfourner à 220°. Cuire 8 minutes en arrosant de temps à autre.

● Au terme de la cuisson, verser le sirop de cuisson dans une petite casserole et lui incorporer les 40 g de beurre restants. Faire bouillir à grand feu pour lier et ajouter le pastis en dernier.

SERVICE

Placer 2 brochettes par assiette et napper du sirop monté au beurre.

PERFECTIONNISME

Le contraste froid et chaud étant très agréable au palais, on peut servir ces brochettes accompagnées d'un sorbet.

gelée de pêches blanches au pinot noir

Ingrédients *pour* *4 personnes*	8 pêches blanches 10 cl de bourgogne 3 cl de coulis de framboises 1/2 citron 5 feuilles de gélatine
	La sauce 10 cl de bourgogne 1/2 orange 1/2 citron· 5 cl de gelée de groseilles

LA TERRINE DE PÊCHES

● Les choisir bien fermes et les plonger quelques secondes dans l'eau bouillante. Les rafraîchir et les éplucher. Les découper en quartiers au-dessus d'un saladier, joindre le vin rouge, le coulis de framboises et le jus du demi-citron. Laisser macérer 2 heures au frais.

● Récupérer ce jus de macération dans une casserole et le chauffer. Ajouter les feuilles de gélatine, les laisser fondre en remuant.

● Avant le refroidissement complet, incorporer les pêches et verser le tout dans une terrine rectangulaire.

● Laisser refroidir 2 heures au réfrigérateur.

LA SAUCE

● Zester la peau de l'orange et du citron, hacher finement.

● Faire bouillir quelques minutes le vin rouge et les zestes hachés dans une casserole.

● Ajouter la gelée de groseilles et le jus de citron, mélanger le tout et garder cette sauce au réfrigérateur jusqu'à l'emploi.

FINITION

● Démouler la terrine et découper des tranches de 0,5 cm d'épaisseur. Les disposer sur une assiette très froide.

● Napper de la sauce glacée et servir de suite.

SOUVENIR

Voilà une manière originale de retrouver le goût de nos pêches au vin d'antan.

figues fraîches au sabayon acidulé

Ingrédients pour 4 personnes	Les fruits
	4 belles figues fraîches
	250 g de groseilles
	250 g de sucre
	Le coulis
	400 g de groseilles
	100 g de sucre semoule
	Le sabayon
	3 jaunes d'œufs
	4 cl de sauternès
	30 g de sucre
	2 citrons
	4 feuilles de menthe

MISE EN PLACE

Les figues

● Faire bouillir les groseilles et le sucre 5 minutes dans 0,5 l d'eau.

● Passer le tout au tamis et pocher les figues entières, quelques instants, dans ce sirop.

Le coulis de groseilles

● Passer à cru 360 g de groseilles, joindre le sucre et réserver au froid pendant 1 nuit.

● Jeter les 40 g restants dans un sirop, cuire 1 minute et égoutter.

Le sabayon

● Travailler ensemble, dans une petite casserole, le sucre et les jaunes d'œufs, jusqu'au ruban.

● Ajouter le sauternes, le jus et les zestes de citron hachés. Épaissir au bain-marie ou sur le coin du feu. On doit obtenir un appareil à la fois consistant et mousseux.

DRESSAGE

Répartir le sabayon dans 4 assiettes, décorer d'une figue ouverte en quatre, napper du coulis de groseilles puis agrémenter des baies et d'une feuille de menthe.

« crispus » à l'ananas

Temps de préparation : 1 heure

Ingrédients *pour* *4 personnes*	1 ananas moyen 5 cl de rhum 100 g de sucre 1/2 citron
	L'appareil à crêpes 100 g de farine 25 cl de lait 2 œufs 50 g de beurre 20 g de sucre semoule 1 pincée de sel

MISE EN PLACE

L'ananas

● L'éplucher soigneusement. Retirer la partie dure du cœur et à l'aide d'un couteau scie, couper dans le milieu 8 tranches très fines.

● Réserver les tombées, les faire macérer quelques heures avec le rhum, le sucre et 10 cl d'eau.

L'appareil à crêpes

● Dans un saladier, mélanger successivement la farine, le sel, le sucre, les œufs. Ajouter petit à petit le lait en fouettant.

● Passer le tout au chinois et lui incorporer le beurre couleur noisette.

La sauce d'accompagnement

● Mixer les tombées d'ananas avec le sirop de macération et le jus du demi-citron.

● Récupérer l'ensemble dans une petite casserole.

CUISSON

● Utiliser 2 poêles, dites à crêpes (12 à 15 cm de diamètre). Les poser sur le feu et les beurrer.

● Verser 4 cl d'appareil dans l'une d'elles et l'incliner de tous les côtés pour étaler la pâte uniformément.

● Dès que la crêpe est prise d'un côté, déposer une rondelle d'ananas à la surface, après l'avoir séchée sur un papier absorbant. Verser un peu de pâte pour la recouvrir et cuire doucement. Transvaser en la retournant dans la poêle en attente pour en terminer la cuisson.

● Renouveler l'opération jusqu'à épuisement des ananas.

● Réserver sans les faire chevaucher dans un endroit tempéré.

SERVICE

Répartir la sauce tiédie au fond de 4 assiettes et disposer dessus 2 crêpes chaudes par personne.

gâteau de noix

Ingrédients	*Le biscuit*
pour	6 œufs
8 personnes	200 g de sucre
	220 g de cerneaux de noix
	Zeste de 1/2 citron râpé
	1/2 cuillerée à café d'extrait de vanille naturelle
	1 cuillerée à soupe de farine
	La crème
	100 g de cerneaux de noix
	100 g de sucre
	15 cl de crème fleurette

LE BISCUIT

● Conserver 20 cerneaux de noix et hacher finement le reste au mixeur.

● Fouetter vivement les jaunes d'œufs et le sucre. Ajouter l'extrait de vanille, la farine, le zeste de citron et les noix hachées.

● Monter les blancs en neige et les incorporer délicatement à l'appareil. Verser dans un moule à génoise, beurré et fariné.

● Cuire 40 minutes à 170°. Démouler et réserver.

LA CRÈME

● Hacher les noix réservées au mixeur avec le sucre.

● Battre la crème fleurette en chantilly et en réserver 1/3. Mélanger le reste à cette poudre.

MONTAGE

● Découper le gâteau en deux dans l'épaisseur. Le garnir de la crème de noix.

● A l'aide d'une spatule à pâtisserie, masquer le tour avec le tiers de crème chantilly réservé.

● Décorer avec les cerneaux de noix.

● Réserver au frais avant de servir.

ananassier

Temps de cuisson : 15 minutes

Ingrédients
pour
6 personnes

300 g d'ananas
150 g de sucre
300 g de crème fleurette
20 biscuits à la cuillère
1/2 citron
Punch : 6 cl de sirop à 30°
3 cl de rhum blanc
4 feuilles de gélatine
Jus de framboise (facultatif)

PROGRESSION

● Couper l'ananas en morceaux et le recouvrir du sucre. Placer le tout dans une casserole avec 5 cl d'eau et cuire lentement pendant 20 minutes pour obtenir une compote.

● Faire tremper la gélatine dans l'eau froide, l'égoutter et la mélanger à l'ananas. Ajouter le jus du demi-citron et laisser refroidir.

● Monter la crème en chantilly, puis l'incorporer délicatement à la compote froide.

● Tapisser de biscuits le fond et les parois d'un moule à charlotte ou d'un saladier en les serrant les uns contre les autres. Les parer si besoin est.

● A l'aide d'un pinceau, les imbiber de punch et remplir l'appareil. Laisser au réfrigérateur une nuit.

FINITION

Au moment de servir, garnir le fond d'un plat rond de jus de framboises et démouler la charlotte dessus.

millas aux figues

Temps de cuisson : 25 minutes

Ingrédients *pour* *6 personnes*	250 g de pâte sucrée 8 figues bien mûres 150 g de crème pâtissière 50 g de beurre 50 g d'amandes effilées 50 g de sucre semoule 1 cuillerée de poudre d'amandes 1 cuillerée de sucre glace 1/2 citron

MISE EN PLACE

● Foncer la pâte sucrée dans un cercle de 25 cm de diamètre et la cuire à sec 10 minutes à 200°.

● Choisir des figues bien mûres, les laver, retirer les parties blanches et les queues. Les saupoudrer de sucre et ajouter le jus de citron. Les écraser en purée à l'aide d'une fourchette.

● Amener le beurre en pommade. Dans un bol, le mélanger à la crème pâtissière et à la poudre d'amandes.

CONFECTION

● Garnir le fond de tarte des figues écrasées et recouvrir de la crème. Parsemer d'amandes effilées. Saupoudrer de sucre glace et cuire à 180° pendant 15 minutes.

● Si besoin est, en fin de cuisson, caraméliser les amandes sous le gril.

FINITION

Glisser le millas sur un plat à tarte et retirer délicatement le cercle. Placer au frais 1 heure avant de servir.

gâteau de thé au jasmin à la meringue

Temps de cuisson : 20 minutes

Ingrédients
pour
6 personnes

300 g de pâte sucrée (p. 287)

La crème au jasmin
0,5 l de lait
2 cuillerées de thé au jasmin
70 g de sucre roux
5 jaunes d'œufs
15 g de Maïzena
20 cl de crème fleurette

La meringue
2 blancs d'œufs
125 g de sucre
1 citron vert

LA TARTE

● Foncer un fond de tarte en pâte sucrée dans un cercle de 20 cm de diamètre. Le garnir d'un papier sulfurisé et de légumes secs. Cuire au four, 20 minutes à 200°.

● En fin de cuisson, retirer le papier et son contenu.

LA CRÈME

● Dans une casserole, amener le lait à ébullition avec le sucre roux. Ajouter le thé au jasmin et laisser infuser 5 minutes.

● Passer au chinois sur le mélange jaunes d'œufs-Maïzena. Cuire jusqu'à épaississement. Réserver au frais.

● Monter la crème fleurette en chantilly et mélanger à l'appareil froid. Garnir le fond de tarte cuit.

LA MERINGUE

● Monter les blancs d'œufs en neige et ajouter le sucre. Fouetter vivement afin de les raffermir. Joindre le zeste du citron vert.

● Répartir la meringue sur la tarte et la lisser à l'aide d'une spatule. Saupoudrer de sucre glace.

● Mettre sous le gril quelques secondes afin d'obtenir de petites perles dorées.

VARIANTE

On peut présenter cette recette en petits pots individuels. Il n'est alors plus nécessaire d'utiliser un fond de tarte.
Par ailleurs, les proportions de thé peuvent être modifiées en fonction de votre goût pour ce subtil parfum du jasmin.

beignets de bananes « retour de chine »

Temps de cuisson : 2 minutes

Ingrédients	4 bananes mûres à point
pour	120 g de farine
4 personnes	1 œuf
	30 cl de lait
	135 g de sucre en poudre
	Sel
	Huile d'arachide pour la friture

MISE EN PLACE

Les bananes

Les peler, les couper en 8 tranches égales et les saupoudrer de sucre.

La pâte à frire

Dans un ustensile creux, réunir 100 g de farine, 25 g de sucre, une pincée de sel et le lait. Mélanger tous ces ingrédients à l'aide d'une spatule en bois, sans les travailler.

CUISSON

● Chauffer la friture à 50⁰.

● 5 minutes avant de servir, fariner légèrement les tranches de bananes, les rouler dans la pâte à frire, puis les plonger une à une dans la friture chaude, pendant environ 2 minutes. Les égoutter sur un papier absorbant.

● Préparer un caramel avec le reste de sucre.

● A l'aide d'une fourchette, passer rapidement les beignets dans le caramel, les tenir au chaud sur une plaque huilée en prenant soin de les séparer.

DRESSAGE

Au moment de servir, plonger chaque beignet 5 secondes dans l'eau glacée. Ceci a pour but de durcir le caramel et d'éviter toute brûlure.

ORIGINE

Les Chinois préparent ces beignets avec des pommes et ajoutent des graines de sésame dans le caramel.

carnaval de fruits en chaud-froid

Ingrédients *pour* *4 personnes*	**Les fruits** 2 kiwis 1/2 ananas 2 bananes 1 mangue 10 g de beurre Poivre blanc concassé
	La sauce 150 g de sucre 3 oranges 1 citron vert 25 g de confiture d'abricot 250 g de sucre 4 cl de liqueur de mandarine 1/2 citron
	Le sorbet 10 cl de jus de fruits de la Passion

MISE EN PLACE

Les fruits

● Éplucher les kiwis et les couper en 5 tranches.

● Trancher les bananes en rondelles.

● Éplucher l'ananas, le tailler en tranches et découper celles-ci en quatre.

● Détailler les mangues en quartiers.

La sauce

● Hacher les zestes de 2 oranges et de 1 citron.

● Presser tous les agrumes.

● Amener le sucre au caramel dans une casserole, déglacer avec la liqueur puis le jus des fruits.

● Ajouter la confiture d'abricots, les zestes hachés, amener à ébullition et conserver au chaud.

Le sorbet

● Faire un sirop avec 6 dl d'eau et le sucre. Laisser refroidir et ajouter le jus de fruits de la Passion et de citron.

● Turbiner à la sorbetière au dernier moment.

FINITION

● Dans une poêle, faire sauter séparément les fruits au beurre noisette. Les disposer harmonieusement sur une grande assiette blanche. Placer au centre une cuillerée de sorbet.

● Napper de la sauce chaude et parsemer, seulement pour les amateurs, de quelques grains de poivre concassé.

tarte de goyave « jardin botanico »

Temps de cuisson : 10 minutes

Ingrédients *pour* *6 personnes*	200 g de pâte sucrée 12 goyaves fraîches 100 g de sucre 10 cl de crème fleurette 1 citron 3 feuilles de gélatine

LES GOYAVES

● Les laver et les couper en deux sur la longueur. Réserver les 4 extrémités.

● Évider la partie centrale où se trouvent les graines puis la passer au mixeur et au chinois étamine.

● Grouper dans une casserole cette purée de goyaves, le sucre et le jus de citron. Joindre les feuilles de gélatine préalablement lavées à l'eau froide. Chauffer suffisamment le tout pour faire fondre la gélatine et refroidir.

LE FOND DE TARTE

Dans un moule de 22 cm de diamètre, foncer la pâte sucrée. Garnir d'un papier aluminium et de légumes secs. Cuire à blanc environ 10 minutes.

FINITION

● Garnir le fond de tarte cuit de l'appareil aux goyaves en égalisant bien la surface.

● Découper régulièrement les entames réservées, puis les disposer très minutieusement sur la tarte en s'inspirant des dégradés de couleurs pour obtenir le meilleur effet.

PETITE HISTOIRE

Mise au point par Claude Troisgros dans son restaurant de Rio, cette tarte connaît un grand succès auprès de ses clients brésiliens.

tarte mi-figue mi-raisin

Temps de cuisson : 25 minutes

Ingrédients *pour* *4 personnes*	200 g de feuilletage (p. 288) 6 figues 30 g de raisins Sucre *L'appareil* 25 g de crème 25 g de poudre d'amandes 25 g de sucre 1 œuf

MISE EN PLACE

● Tailler les figues en 3 ou 4 tranches de 1 cm d'épaisseur, après avoir éliminé la partie blanche de la queue.

● Laver les raisins, les égrener avec la pointe d'un petit couteau.

● Étendre la pâte feuilletée et créer un rond d'environ 22 cm de diamètre. Retourner le bord à la main pour constituer une petite bordure. Le piquer légèrement avec une fourchette.

● Mélanger l'œuf, la crème, la poudre d'amandes et le sucre dans un bol.

CUISSON

● Répartir les tranches de figues sur le fond de tarte et combler les interstices avec les raisins. Cuire 20 minutes à 220º.

● Étaler ensuite l'appareil sur les fruits, saupoudrer de sucre semoule et enfourner pour assurer une belle coloration. En principe 5 minutes suffisent.

● Dans l'heure qui suit, glisser sur un plat et consommer.

MARCHÉ

Choisir des figues bien mûres, elles confiront sous l'action de la chaleur.

tarte aux amandes effilées

Temps de cuisson : 25 minutes

Ingrédients	200 g de pâte sucrée (p. 287)
pour	75 g de beurre
6 personnes	100 g de sucre
	100 g d'amandes effilées
	50 g de miel
	50 g de crème

MISE EN PLACE

● Foncer la pâte sucrée dans un cercle de 22 cm de diamètre.

● Grouper le beurre, le sucre, le miel et la crème dans une casserole. Faire bouillir 1 minute, puis ajouter les amandes effilées. Redonner une ébullition sans arrêter de remuer.

CUISSON

● Garnir le fond de tarte d'un papier sulfurisé rempli de légumes secs et cuire à blanc 10 minutes à 200°.

● Retirer le papier et son contenu, remplir le fond de tarte de l'appareil aux amandes encore chaud. Cuire à 200° pendant 15 minutes.

● Lorsque la surface devient couleur caramel clair, retirer du four. Réserver jusqu'à refroidissement.

PRÉSENTATION

Cette tarte n'a besoin d'aucun apport de décoration, son aspect rustique suffit. En petites tranches, elle accompagne avec bonheur les sorbets ou crèmes glacées.

brillant au caramel

Temps de cuisson : 10 minutes

Ingrédients *pour* *8 personnes*	200 g de pâte sucrée (p. 287) 1/2 citron *La ganache* 100 g de chocolat 75 g de crème *Le caramel* 150 g de sucre 20 g de glucose 100 g de crème

MISE EN PLACE

● Abaisser un rond de 22 cm de diamètre en pâte sucrée et le cuire 10 minutes environ à 180º.

● Faire bouillir la crème et la mélanger au chocolat préalablement fondu au bain-marie. Laisser refroidir en remuant de temps en temps.

LE CARAMEL

● Mettre le sucre, le glucose et 5 cl d'eau dans un poêlon. Amener au caramel clair.

● Hors du feu, ajouter l'appareil crème-chocolat. Amener à ébullition, joindre le jus du demi-citron et laisser tiédir.

CONFECTION

● Étendre en fine couche sur le fond de pâte cuite une partie de la ganache. Mettre le reste dans une poche puis dessiner 8 parts et le contour de la tarte. Réserver au froid une petite demi-heure.

● Couler le caramel dans les compartiments et laisser refroidir à nouveau.

SERVICE

Découper la tarte en suivant les bordures de chocolat.

IMPORTANT

Il est nécessaire de réaliser les compartiments pour retenir le caramel.

tarte beaujolaise aux poires

Temps de cuisson : 13 minutes

Ingrédients *pour* *8 personnes*	250 g de pâte sucrée (p. 287) 4 poires (williams) 0,5 l de beaujolais de l'année 6 jaunes d'œufs 20 g de Maïzena 150 g de sucre 1 gousse de vanille 1 citron

MISE EN PLACE

Les poires (les préparer la veille)

● Après les avoir épluchées, les couper en deux et retirer les pépins.

● Les mettre avec le sucre et la gousse de vanille fendue par la moitié dans une casserole. Verser dessus le beaujolais et cuire 10 minutes environ. S'assurer de cette cuisson à l'aide d'un couteau.

● Les réserver au frais, pendant une nuit.

Le fond de tarte

● Foncer le fond de pâte sucrée dans un cercle de 25 cm de diamètre.

● Le remplir de légumes secs et enfourner à 200°. Les retirer et cuire encore 3 minutes.

LA CRÈME

● Égoutter les poires et amener le vin à ébullition.

● Mélanger les jaunes d'œufs et la Maïzena dans un bol. Verser dessus le vin bouillant et remettre le tout dans la casserole. Laisser bouillir 2 minutes en remuant à l'aide d'un fouet. Le mélange va épaissir.

● Ajouter alors le jus du citron et verser l'appareil dans le fond de tarte. Laisser refroidir.

● Trancher régulièrement les poires cuites et les aligner sur la tarte.

NOTRE AVIS

Nous vous recommandons le beaujolais de l'année dont la particularité est d'avoir encore toute la saveur du raisin. Vous constaterez en découpant les poires qu'elles ont un très joli dégradé de couleurs. L'exploiter à des fins décoratives.

lune de miel

Ingrédients pour 8 personnes	1 génoise au chocolat (voir en fin de recette)
	250 g de miel
	0,5 l de crème fraîche
	4 blancs d'œufs
	10 g de beurre
	20 g de cacao amer
	1/2 citron

LA MERINGUE AU MIEL

● Dans une casserole, amener le miel à ébullition et le cuire 12 minutes puis ajouter le jus de citron.

● Monter les blancs d'œufs en neige très ferme et verser peu à peu le miel bouillant dessus. Réserver jusqu'à complet refroidissement.

● Monter la crème en chantilly sans la sucrer et l'incorporer délicatement à la meringue.

MONTAGE

● Trancher la génoise horizontalement en 3 parts égales.

● Monter en intercalant génoise et crème. Il est préférable, étant donné la fragilité du gâteau, de réaliser cette opération à l'intérieur d'un cercle à tarte. Réserver quelque temps au réfrigérateur.

● Démouler ensuite sur un plat en passant un petit couteau sur les parois du cercle. Saupoudrer de cacao amer.

REMARQUE

On obtient la génoise *au chocolat* en ajoutant 10 g de cacao amer à la recette classique que vous trouverez p. 287.

macarons aux fraises des bois

Temps de cuisson : 15 minutes

Ingrédients pour 4 personnes	250 g de fraises des bois 150 g de sucre semoule 100 g de poudre d'amandes 100 g de sucre glace 4 blancs d'œufs 10 cl de crème fleurette

L'APPAREIL

● Réserver 30 belles fraises des bois et cuire le reste avec 125 g de sucre pendant 15 minutes à feu doux. L'appareil doit avoir la consistance d'une pâte de fruit. Laisser refroidir et incorporer la poudre d'amandes.

● Monter les blancs d'œufs en neige, les serrer avec 25 g de sucre semoule. Les mélanger en deux temps à l'appareil.

CUISSON

● Garnir une poche munie d'une douille n° 8 (petit format) et former des ronds de 2 cm de diamètre sur une plaque recouverte de papier silicone. Les espacer suffisamment. Confectionner environ 60 pièces.

● Saupoudrer de sucre glace et enfourner à 180° pendant 15 minutes.

● Laisser refroidir, puis les décoller à la spatule.

FINITION

● Fouetter la crème en chantilly en ajoutant 10 g de sucre glace à la fin de l'opération.

● Garnir 30 macarons, poser une fraise sur chacun d'eux et coiffer d'un second macaron.

VARIANTE

Ces petits fours peuvent, selon votre choix, être réalisés avec d'autres variétés de fruits rouges.

chardon au cassis

Temps de cuisson : 22 minutes

Ingrédients *pour* *8 personnes*	220 g de pâte sucrée (p. 287) 50 g de gelée de groseilles 8 biscuits à la cuillère 250 g de cassis 125 g de blancs d'œufs 150 g de sucre
	Le punch 5 cl de sirop à 30° 5 cl de Grand Marnier

MISE EN PLACE

La tarte

● Foncer un fond de tarte en pâte sucrée dans un cercle de 20 cm de diamètre. Le garnir d'un papier sulfurisé, le recouvrir de haricots secs et cuire 10 minutes à 200°.

● A mi-cuisson, retirer le papier et son contenu.

Les œufs

Monter les blancs d'œufs en neige au fouet, ajouter 80 g de sucre, les raffermir, joindre ensuite le reste de sucre et les baies de cassis. Mélanger délicatement.

CUISSON ET FINITION

● Garnir le fond de tarte mi-cuit avec la gelée de groseilles. Disposer dessus les biscuits à la cuillère imbibés de punch.

● Répartir dessus l'appareil à blancs en formant un dôme, et donner l'aspect d'un chardon : pour cela, utiliser une spatule et étirer les blancs par petits coups secs pour former les épines.

● Saupoudrer de sucre glace et cuire au four à 200° pendant 12 minutes.

● Retirer le cercle et laisser refroidir.

IMPORTANT

Afin que les cassis n'éclatent pas en cours de cuisson, vous devez les passer au freezer une heure avant leur utilisation.

perce-neige

Afin que les œufs n'éclatent pas en cours de cuisson, vous devez les passer au freezer une heure avant leur utilisation.

Ingrédients
pour
4 personnes

4 blancs d'œufs
125 g de sucre semoule
0,5 l de lait
Sel et sucre glace

La crème
2 œufs
5 cl de crème fleurette
5 cl de jus de fruits de la Passion
10 g de beurre
70 g de sucre

La sauce
10 cl de jus de fruits de la Passion
100 g de sucre semoule

LES BLANCS

● Les monter en neige. Incorporer progressivement le sucre en poudre et raffermir.

● Découper 4 carrés de 10 cm sur 10 dans du papier sulfurisé, l'humidifier avec un peu d'eau. Mettre les blancs montés dans une poche sans douille et former 4 couronnes sur ces socles en papier.

● Dans une grande sauteuse à bord bas, faire chauffer le lait en complétant avec 1,5 l et d'eau et une pincée de sel. Déposer les blancs dans le liquide frémissant et retirer le papier. Laisser pocher 3 minutes sur une face, les retourner à l'aide d'une écumoire et les laisser à nouveau 2 minutes.

● Les placer sur un linge puis sur une plaque. Les saupoudrer de sucre glace et les caraméliser sous le gril.

LA CRÈME

● Grouper le sucre, les œufs et le jus de fruit dans une casserole. Amener à ébullition sans jamais cesser de fouetter.

● Hors du feu, incorporer le beurre en petites parcelles. Laisser refroidir.

● Fouetter la crème en chantilly et l'incorporer à l'appareil.

LA SAUCE

Amener le jus et le sucre à ébullition. Retirer et réserver au frais.

PRÉSENTATION

● Répartir la sauce dans le fond de 4 grandes assiettes.

● Ouvrir les couronnes de blancs en deux sur l'épaisseur. Déposer la première moitié dans l'assiette, la garnir de crème et recouvrir de la seconde.

● Servir de suite.

VARIANTE

Suivant la saison on peut remplacer le fruit de la Passion par de l'abricot ou du citron.

la palette du peintre

Ingrédients   4 abricots
pour   4 prunes
4 personnes   4 pruneaux secs
    100 g de framboises
    1 kiwi
    1 citron
    6 blancs d'œufs
    Crème double
    1 l de lait
    Sucre semoule

LES COULIS

● Après les avoir dénoyautés, pocher séparément, dans un sirop léger, les abricots, les prunes et les pruneaux. Laisser refroidir et les passer au mixer.

● Mixer également framboises et kiwi, mais à cru et avec un trait de citron.

● On obtient ainsi 5 coulis de couleurs différentes que l'on sucre selon les besoins en tenant compte que les blancs le seront largement.

LES BLANCS

● Amener 1 l de lait et 1 l d'eau très légèrement salée à ébullition, dans une grande casserole à bord bas.

● Monter les blancs d'œufs en neige très ferme. Verser 175 g de sucre glace en pluie et mélanger énergiquement.

● Sur une feuille de papier humidifiée, former à l'aide d'une cuillère à potage des pièces individuelles de la taille d'un gros œuf ou de la forme d'un petit rocher. Il en faut une vingtaine. En les prenant une par une avec une spatule, les plonger dans la casserole eau-lait en ébullition. Éloigner du feu et pocher 8 minutes en les retournant à mi-cuisson.

344

● Les retirer à l'aide d'une écumoire et les réserver sur une serviette.

PRÉSENTATION

● Sur 4 assiettes, blanches de préférence, disposer les 5 pièces de blancs en forme d'étoile, et napper chacune d'elle d'un coulis différent, en cherchant à harmoniser les couleurs.

● Pour parfaire, on peut, en trempant une fourchette dans la crème épaisse, créer sur l'ensemble quelques lignes à la Mathieu. Mais là, nous laissons votre talent artistique s'exprimer, alors à vous de jouer !

le zaïrois

Temps de cuisson : 10 minutes

Ingrédients pour 4 personnes	*La meringue*
	Zestes de 2 citrons verts
	200 g de sucre glace
	3 blancs d'œufs
	La ganache
	200 g de couverture mi-amère
	150 g de crème fleurette
	1 citron vert
	1 cuillerée à soupe de miel

LA MERINGUE

● Réunir le sucre glace et les 3 blancs d'œufs dans un bol. Fouetter vivement ce mélange en l'amenant à 40° sur le coin du feu. Retirer et continuer de fouetter jusqu'à complet refroidissement. Ajouter les zestes de citrons verts.

● Sur un papier silicone ou une plaque en Téflon, former à l'aide d'une poche à douille cannelée (n° 5) un rond de 20 cm de diamètre en partant du centre. Renouveler l'opération une seconde fois pour obtenir 2 disques. Cuire au four à 160° pendant 10 minutes.

● Retirer sur une grille et laisser refroidir.

LA GANACHE AU CITRON VERT

● Faire bouillir la crème et le zeste de citron râpé dans une casserole.

● Jeter dans la crème chaude le chocolat coupé en petits morceaux. Couvrir d'un linge et retirer sur la table 10 minutes sans remuer.

● Au terme de ce temps, mélanger le miel et le jus de citron à l'ensemble. Laisser refroidir.

MONTAGE DU GÂTEAU

● Étendre la ganache sur le premier fond de meringue, puis le recouvrir du second.

● Égaliser les bords avec un couteau.

RECOMMANDATION

Ce gâteau demande à être dégusté très froid et accompagne parfaitement le café.

truffes chocolat à la verveine

Ingrédients pour 20 pièces	20 feuilles de verveine fraîche 250 g de couverture mi-amère 300 g de crème fleurette 50 g de poudre de cacao non sucrée

L'APPAREIL

● Faire bouillir la crème dans une casserole à bord haut. Y joindre 10 feuilles de verveine ciselées et laisser infuser 10 minutes à couvert.

● Passer au chinois étamine en pressant fortement pour extraire le maximum de saveur.

● Porter de nouveau la crème à ébullition et ajouter hors du feu la couverture préalablement coupée en petits morceaux. Couvrir et laisser fondre le chocolat 15 minutes. Fouetter vivement l'appareil afin qu'il soit brillant et lisse.

● Verser dans un récipient assez petit de façon à avoir une certaine épaisseur. Conserver une nuit au frais.

CONFECTION DES TRUFFES

● A l'aide d'une cuillère à pommes parisiennes ou à défaut d'une cuillère à moka, confectionner des boules que l'on jette aussitôt dans la poudre de cacao.

● Façonner les truffes et les garder au frais.

● Pour faciliter l'opération, tremper chaque fois la cuillère dans l'eau chaude. Pour utiliser entièrement l'appareil, le faire ramollir et renouveler l'opération.

OBSERVATION

Nous avons trouvé assez subtile l'alliance entre la verveine aux saveurs pastorales et le chocolat amer.

coconuts chocolate

Temps de cuisson : 10 minutes

Ingrédients
pour
6 personnes

250 g de pâte sucrée (p. 287)
100 g de noix de coco râpée
2 œufs
50 g de crème fraîche
0,5 l de lait
100 g de sucre semoule
75 g de chocolat
75 g de beurre

LA PÂTE

● L'abaisser et foncer un moule de 22 cm de diamètre.

● Garnir le fond de papier sulfurisé et le recouvrir de légumes secs. Cuire au four 10 minutes à 200º.

● Retirer le papier et son contenu puis enfourner de nouveau pour terminer la cuisson.

L'APPAREIL

● Faire tremper la noix de coco râpée avec le sucre dans du lait pendant une demi-heure.

● Ajouter les œufs et la crème à ce mélange. Verser dans le fond de tarte précuit et enfourner à 180º pendant 10 minutes.

● Laisser refroidir.

FINITION

Mélanger le chocolat fondu au beurre en pommade et l'étaler sur le gâteau en créant des motifs à l'aide d'une fourchette. Réserver au frais.

MARCHÉ

Si votre approvisionnement vous le permet, vous pouvez employer de la noix de coco fraîche et utiliser alors son eau à la place du lait.

ondulé

Temps de cuisson : 30 minutes

Ingrédients
pour
4 personnes

250 g de pâte sucrée (p. 287)
75 g de praliné (à acheter chez le pâtissier)

La crème d'amandes
50 g de sucre
50 g de beurre
50 g d'amandes en poudre
1 œuf
5 g de farine
2 cl de rhum

La ganache
20 g de crème
20 g de chocolat mi-amer

MISE EN PLACE

La crème d'amandes

● Dans un saladier, travailler le sucre, le beurre et l'œuf.

● Lorsque l'appareil blanchit, ajouter la poudre d'amandes, la farine et le rhum.

La ganache

● Faire bouillir la crème, verser dedans le chocolat en copeaux.

● Couvrir et laisser reposer hors du feu 10 minutes puis bien mélanger au fouet.

CUISSON

● Abaisser un rond de 20 cm de diamètre en pâte sucrée et le cuire une dizaine de minutes. Laisser refroidir avant de le recouvrir de praliné puis de la crème d'amandes.

● Enfourner à nouveau 20 minutes à 180º.

FINITION

Lorsque le gâteau est froid, étaler dessus la ganache avec une spatule. Bien lisser et créer des ondulations à l'aide d'un couteau à dents.

REMARQUE

Ce gâteau présente l'avantage de pouvoir se conserver pendant 6 jours au frais.

pavés de chocolat à la feuille d'or

Temps de cuisson : 40 minutes

Ingrédients	75 g de chocolat mi-amer
pour	75 g de beurre
4 personnes	75 g de sucre semoule
	75 g de blancs d'œufs
	2 jaunes d'œufs
	Feuille d'or (facultative)

MISE EN PLACE

● Faire fondre le beurre et le chocolat au bain-marie.

● Travailler les jaunes d'œufs avec 25 g de sucre dans un saladier, fouetter jusqu'à ce que le mélange blanchisse puis joindre la préparation ci-dessus.

● Monter les blancs d'œufs en neige, ajouter le reste du sucre pour les raffermir et incorporer délicatement à l'appareil au chocolat.

CUISSON

Mouler dans une plaque rectangulaire, à rebord bas. Enfourner à 170° et cuire 40 minutes.

FINITION

● Démouler à chaud et laisser tiédir.

● Découper en pavés de la taille de votre choix. Décorer avec les feuilles d'or que l'on place sur les pavés à l'aide de la pointe d'un couteau.

SUBTERFUGE

Ce gâteau très léger n'est autre qu'un soufflé froid et s'accommode très bien d'une sauce vanille ou moka.

On peut également le cuire dans un moule rond. Ce sera alors un gâteau à découper devant les invités.

La feuille d'or, élément décoratif, est donc facultative. Mais ne vous méprenez pas, c'est bien chez votre pâtissier que vous la trouverez et non chez votre banquier !

millefeuille aux fraises écrasées

Temps de cuisson : 20 minutes

Ingrédients *pour* *4 personnes*	250 g de pâte feuilletée à six tours (p. 288) 500 g de fraises 2 cuillerées à soupe de crème fleurette 4 cuillerées de coulis de framboises Sucre en poudre et sucre glace

PRÉPARATION

● Abaisser le feuilletage très fin et le poser sur une plaque légèrement humectée. Cuire à 200°. Sur la fin, recouvrir de sucre glace et caraméliser à la salamandre.

● Découper en 8 carrés égaux.

● Choisir des fraises fraîchement cueillies et bien mûres. Après les avoir lavées, et équeutées, les mettre dans un saladier, puis les écraser grossièrement à l'aide d'une fourchette. Les verser sur un tamis pour retirer l'excédent de jus.

● Monter la crème sur glace et l'incorporer aux fraises. Sucrer selon les besoins.

FINITION

● Garnir une poche en papier de crème double et, sur le fond de l'assiette nappée de coulis, dessiner des cercles parallèles. A l'aide du dos d'un couteau, tirer des traits du centre vers l'extérieur pour « tisser » la toile d'araignée.

● Ce décor terminé, poser dessus un premier carré de feuilletage, le garnir d'appareil aux fraises écrasées et coiffer d'un second carré.

● Après avoir renouvelé l'opération, servir dans 4 assiettes.

GAZETTE GOURMANDE

Comme tous les jeunes enfants, nos premiers desserts se composaient de fruits écrasés. La fraise en particulier nous a laissé un souvenir gourmand que nous avons voulu retrouver dans cette recette pour vous le faire partager.

étoiles du sud aux graines de sésame

Temps de cuisson : 20 minutes

Ingrédients *pour* *10 personnes*	250 g de feuilletage (p. 288) 40 g de graines de sésame 80 g de sucre semoule

PRÉPARATION

● La veille, préparer un feuilletage à 4 tours.

● Donner les cinquième et sixième tours en remplaçant chaque fois la farine par 30 g de sucre.

● Réserver le pâton de feuilletage 20 minutes au froid.

FINITION ET CUISSON

● Abaisser le pâton en rectangle, en utilisant les 20 g de sucre restant.

● Le diviser en 3 bandes égales sur la longueur. Les humecter d'eau à l'aide d'un pinceau, les superposer et les fixer en les pressant. Réserver 10 minutes au grand froid.

● Trancher à nouveau, dans la longueur, des lanières de 5 mm, les placer sur le chant et leur donner la forme d'une hélice en les tordant d'un demi-tour par le milieu.

● Incruster les graines de sésame sur chaque face et séparer les couches de feuilletage afin de former une étoile à six branches.

● Les disposer sur une plaque recouverte d'un papier silicone, enfourner à 150º et cuire environ 20 minutes. Laisser tiédir et déguster.

IMPORTANT

Il est indispensable que la graine de sésame ne soit que légèrement incrustée dans la pâte, afin qu'elle grille à la cuisson.

tokapis au café

Temps de cuisson : 90 secondes environ

Ingrédients *pour* *8 personnes*	*Feuilletage turc* 150 g de farine 50 g de beurre 20 g de sel Extrait de café Huile à friture *La crème au café* 25 cl de lait 3 jaunes d'œufs 1 cuillerée à dessert de café moulu très fin 30 g de sucre semoule

LE FEUILLETAGE TURC

La détrempe

● Disposer la farine en fontaine, ajouter au centre le sel, 5 cl d'eau et quelques gouttes d'extrait de café.

● Mélanger puis pétrir légèrement. Former une boule.

● Réserver 1 heure au frais dans du film plastique.

Les tours

● Ramollir le beurre au maximum.

● Partager la détrempe en 6 parts égales, dont une un peu plus importante, et reformer de petites boules. Abaisser chacune d'elles en rond de 2 mm d'épaisseur.

● Répartir le beurre sur le dessus à l'aide d'un pinceau et les superposer en commençant par la plus large.

● Rapporter les bords de la couche inférieure sur le dessus.

● Réserver au frais pendant 1 heure.

L'abaisse

● Partager la pâte en 2 parties et abaisser finement chacune d'elles.

● Détailler à l'emporte-pièce de petits ronds de 5 cm de diamètre et les déposer à l'aide d'une spatule sur une plaque légèrement farinée.

Cuisson

● Chauffer la friture à 180°. Y plonger délicatement les rondelles de feuilletage. Cuire en les retournant à mi-cuisson afin qu'elles dorent et gonflent uniformément.

● Les égoutter sur du papier absorbant et les rouler dans le sucre semoule.

LA CRÈME AU CAFÉ

● Faire bouillir le lait avec le café moulu.

● Battre les jaunes d'œufs et le sucre puis verser dessus, petit à petit, le lait bouillant en fouettant.

● Cuire à nouveau sans bouillir pour l'épaissir.

● Réserver après l'avoir passée au chinois.

DRESSAGE

● Répartir la crème dans 4 assiettes creuses et disposer dessus les tokapis.

ailettes aux poires

Ingrédients *pour* *6 personnes*	150 g de feuilletage (p. 288) 6 poires mûres 100 g de crème pâtissière (p. 365) 50 g de beurre 1 citron 5 cl d'alcool de poire williams 100 g de sucre glace 20 g de sucre semoule

MISE EN PLACE

Les ailettes

● Abaisser le feuilletage en rectangle de 2 mm d'épaisseur. Retirer l'excédent de farine avec un pinceau puis rouler la pâte sur elle-même de façon à former un long rouleau.

● Le détailler en 18 rondelles de 5 mm d'épaisseur et abaisser chacune d'elles sur-le-champ, en remplaçant la farine par du sucre glace. Leur donner une forme ovale de 15 cm de longueur environ.

● Les placer sur un papier de cuisson ou à défaut sur une plaque en Téflon et les cuire 5 minutes au four à 200º. La cuisson est à point lorsque les ailettes caramélisent et prennent une belle couleur brune.

● Réserver dans un endroit très sec.

Les poires

● Les éplucher et les citronner.

● Les cuire dans un sirop léger. Le temps de cuisson est fonction de l'état de mûrissement du fruit. Laisser refroidir dans le sirop.

● Joindre le beurre et les 20 g de sucre dans une poêle. Lorsque celui-ci mousse, ajouter les poires préalablement émincées et les sauter quelques minutes.

FINITION ET DRESSAGE

● Chauffer la crème pâtissière et ajouter l'alcool de poire.

● On dispose donc de 3 ailettes par assiette. Poser la première au centre et tartiner de la crème chaude. Répartir dessus des poires et renouveler cette opération une seconde fois. Coiffer de la dernière ailette.

IMPORTANT

Plus on abaisse le feuilletage finement, plus il en est croustillant. C'est d'ailleurs pourquoi, étant donné la fragilité des ailettes, il est préférable de terminer le dressage dans chaque assiette.

Hors saison, on peut employer des poires au sirop, à condition de les choisir de qualité.

feuillets au chocolat mousse

Temps de cuisson : 15 minutes

Ingrédients pour 8 personnes	
	150 g de farine
	150 g de beurre
	15 g de cacao amer
	60 g de couverture
	La mousse
	125 g de chocolat
	5 cl de lait
	2 jaunes d'œufs
	2 blancs d'œufs
	25 g de beurre
	50 g de sucre

LE FEUILLETAGE

● Opérer pour le feuilletage au chocolat comme pour un feuilletage classique en incorporant la poudre de cacao à la farine et la couverture en pommade au beurre.

● Donner ensuite les six tours habituels en laissant reposer le pâton entre chaque double tour.

● Au moment de l'utilisation, étaler la pâte sur 0,5 cm d'épaisseur et tailler 8 rectangles de 6 cm sur 10.

● Les placer sur une plaque à pâtisserie humidifiée et cuire au four 15 minutes à 200°.

● Au terme de la cuisson, démultiplier chacun d'eux en plusieurs feuillets. Les déposer sur la plaque et enfourner à nouveau à 150°. Les retourner lorsqu'ils sont croustillants.

LA MOUSSE

● Dans une casserole, faire fondre le chocolat et le lait à feu doux ; y joindre le beurre et les jaunes d'œufs, fouetter vivement et laisser refroidir.

● Monter les blancs d'œufs en neige ferme, ajouter progressivement le sucre. Verser l'appareil froid dans les blancs et incorporer le tout à la spatule.

● Réserver au froid. Il est d'ailleurs préférable de la préparer à l'avance.

FINITION

Étaler un peu de mousse au chocolat sur chaque feuillet puis les superposer. Servir à l'assiette accompagné d'une crème anglaise.

HISTORIQUE

L'idée du feuilletage au chocolat nous a été donnée par Alain Passard qui l'avait réalisé lors d'une émission à la télévision.

LES QUATRE POINTS ESSENTIELS POUR OBTENIR UN BON SOUFFLÉ

● Posséder de préférence un fouet à blancs et une cuve en cuivre, pour obtenir des blancs fermes et lisses.

● Mélanger la crème et les blancs d'œufs en deux fois, très délicatement à l'aide d'une spatule en bois.

● Cuire le soufflé en bas du four préchauffé, quitte à l'éteindre à mi-cuisson, ceci pour éviter la formation trop rapide d'une croûte qui empêcherait la cuisson intérieure.

● Dans la mesure où l'on utilise un bol unique, le temps de cuisson varie de 4 à 5 minutes supplémentaires.

● BONNE CHANCE !

soufflé au citron vert

Temps de cuisson : 18 minutes

Ingrédients pour 4 personnes	
	3 citrons verts
	8 blancs d'œufs
	100 g de sucre
	10 g de beurre
	100 g de miel d'acacia
	Sucre glace
	125 g de crème pâtissière
	25 cl de lait
	4 jaunes d'œufs
	100 g de sucre
	40 g de farine

MISE EN PLACE

La crème pâtissière

● Mélanger les jaunes d'œufs et le sucre dans une casserole. Travailler cet appareil pour qu'il blanchisse et ajouter la farine.

● Verser peu à peu le lait bouillant dessus tout en remuant vigoureusement. Remettre sur le feu et cuire 3 minutes en fouettant afin d'éviter que la crème n'attache.

● Réserver dans une terrine jusqu'à l'utilisation.

Les citrons verts

● Zester la peau des citrons verts et en extraire le jus. Réserver 1/3 de chaque.

● Ajouter le reste à la crème pâtissière tiède.

La sauce

Joindre au miel le zeste et le jus de citron réservés.

Les moules

● Beurrer largement des bols ou ramequins individuels avec un beurre pommade.

● Remplir de sucre et donner un mouvement de droite à gauche pour le répartir sur les parois.

● Retirer l'excédent.

PRÉPARATION

● Placer les blancs d'œufs avec une pincée de sel dans un bassin en cuivre bien propre. Commencer à les battre doucement pour bien les aérer et accélérer le mouvement lorsqu'ils commencent à mousser. Dès qu'ils deviennent fermes, ajouter le sucre et fouetter vivement afin d'obtenir un appareil lisse.

● Incorporer alors 1/3 des blancs d'œufs à la crème au citron, puis ajouter le reste et mélanger en coupant avec une spatule de bois.

● Quand le mélange est homogène, répartir l'appareil dans chaque timbale et lisser à la spatule.

CUISSON

● Enfourner les soufflés à 180° sur la plaque inférieure.

● En fin de cuisson saupoudrer de sucre glace et placer chaque timbale sur une assiette.

● Accompagner de la sauce tiède que l'on verse à l'intérieur du soufflé à l'aide d'une cuillère.

soufflé aux cerises dans la poêle

Temps de cuisson : 7 minutes

Ingrédients
pour
4 personnes

25 cl de crème pâtissière (p. 365)
3 blancs d'œufs
32 cerises
40 g de beurre
30 g de sucre semoule
20 g de gros sucre cristal ou de sucre limonade

MISE EN PLACE

● La veille, pocher les cerises équeutées dans un sirop à 18°. Les laisser refroidir dans leur cuisson.

● Avant leur utilisation, les égoutter, les couper en deux et retirer les noyaux.

● Les réserver sur du papier absorbant.

● Monter les blancs fermes avec 30 g de sucre et les incorporer délicatement à la crème pâtissière tiède.

CUISSON

● Chauffer 4 poêles à crêpes de 10 cm de diamètre. Faire fondre 10 g de beurre par poêle et répartir l'appareil à soufflé à l'intérieur.

● Poser 2 minutes sur une plaque afin de colorer le fond.

● Répartir dessus les demi-cerises et achever la cuisson au four à 200° pendant 5 minutes.

● A la sortie du four, saupoudrer de gros sucre cristal.

SERVICE

Présenter directement dans les poêles en prenant la précaution d'avertir les convives et d'entourer abondamment les queues bouillantes de papier argent.

A SAVOIR

En saison nous vous recommandons d'utiliser la guigne, sinon de bonnes cerises de conserve, au sirop, feront l'affaire.

Ce dessert, contrairement aux soufflés classiques, garde longtemps la chaleur. Il n'est donc pas nécessaire de se presser pour le déguster.

soufflé dans l'orange

Temps de cuisson : 15 minutes

Ingrédients *pour* *4 personnes*	3 grosses oranges 10 cl de liqueur à l'orange 150 g de blancs d'œufs 60 g de sucre semoule 10 g de sucre glace

MISE EN PLACE

● Couper 2 oranges par la moitié, à l'horizontale. A l'aide d'une cuillère, retirer la chair, réserver les 4 coffres vides.

● Zester la peau de la troisième orange.

● Peler toutes les chairs à vif et détacher les quartiers.

● Presser les membranes pour récupérer le jus.

PRÉPARATION

● Dans une casserole, mélanger le jus d'orange avec le sucre semoule et cuire au gros boulé. A ce moment précis de la cuisson, ajouter les quartiers, les zestes et la liqueur.

● Remettre au feu 5 minutes, puis verser le tout sur un tamis, réserver les quartiers et réduire de nouveau le jus jusqu'au gros boulé.

FINITION

Monter les blancs d'œufs en neige, incorporer à la spatule en bois le sucre glace, les quartiers d'orange et le sirop chaud.

CUISSON

● Remplir généreusement les 4 coffres à l'aide d'une poche en terminant en spirale, les déposer sur une plaque et cuire 15 minutes à 220°.

● Déguster dès la sortie du four.

QU'EST-CE QUE LE GROS BOULÉ ?

Le gros boulé est une étape dans la cuisson du sucre. Pour le constater, les professionnels se trempent les doigts dans de l'eau très froide puis aussitôt dans le sucre bouillant pour en prendre une pincée et de nouveau très vite dans l'eau froide. Il se forme alors une boule grosse et ferme.

Mais il est délicat de se livrer à de telles acrobaties. Plus facilement, vous pourrez vous rendre compte à l'œil du stade de cuisson en observant que les bulles fournies par le sucre en ébullition paraissent plus lourdes.

soufflé « caraméline »

Temps de cuisson : 18 minutes

Ingrédients
pour
4 personnes

25 cl de lait
3 jaunes d'œufs
4 blancs d'œufs
30 g de farine
200 g de sucre
1/2 citron

La sauce clémentine
15 cl de jus de clémentine
70 g de crème fraîche
2 jaunes d'œufs
60 g de sucre

MISE EN PLACE

La crème

● Mélanger les 3 jaunes d'œufs et 25 g de sucre dans une casserole. Fouetter vivement pour blanchir le mélange.

● Incorporer progressivement la farine.

● Lorsque l'appareil est bien lisse, verser le lait bouillant dessus et, sans cesser de remuer avec un fouet, faire prendre l'ébullition. Cuire 3 minutes à petit feu.

● Réserver.

Le caramel

● Dans une casserole, en cuivre de préférence et de petite taille, humecter 150 g de sucre avec 2 cuillerées à soupe d'eau. Placer cette casserole sur le feu et cuire jusqu'au caramel.

● Lorsque la couleur sera brun ambré, retirer du feu et ajouter 2 autres cuillerées d'eau. Replacer sur le feu et dissoudre le caramel solide à l'aide d'une spatule en bois.

● Ajouter le jus de citron.

371

● Mélanger le caramel devenu liquide à la crème et garder au chaud.

La sauce clémentine

● Mélanger les jaunes d'œufs et le sucre.

● Amener le jus de clémentine à ébullition et le verser sur ce mélange. Cuire comme une crème anglaise. Lorsque l'appareil épaissit, mais avant l'ébullition, retirer et refroidir rapidement.

● Incorporer la crème fraîche avant de servir.

PRÉPARATION

● Monter les blancs d'œufs en neige. Dès qu'ils deviennent fermes, ajouter 10 g de sucre et fouetter vigoureusement.

● Incorporer alors rapidement 1/3 à la crème caramel. Puis plus délicatement le reste.

● Quand l'ensemble est homogène, répartir l'appareil dans des plats à gratin préalablement beurrés et sucrés.

CUISSON

● Cuire dans un four à 180°, pendant 18 minutes, et l'éteindre en cours de cuisson si besoin est.

● Servir de suite accompagné de la sauce clémentine.

À VOTRE GRÉ

Ce soufflé peut se manger tiède ou froid. Dans ce cas, le démouler 15 minutes après sa sortie du four sur un plat de service.

soufflé « jasmina »

Temps de cuisson : 18 à 20 minutes

Ingrédients	25 cl de lait
pour	3 jaunes d'œufs
4 personnes	4 blancs d'œufs
	30 g de farine
	50 g de sucre
	10 g de thé parfumé au jasmin
	Sucre glace

PRÉPARATION

● Beurrer l'intérieur de 4 bols individuels, verser du sucre dedans et donner un mouvement de va-et-vient pour que celui-ci se fixe sur les parois.

● Retourner les bols pour retirer l'excédent de sucre.

● Amener le lait à ébullition. Y jeter le thé, couvrir et laisser infuser 15 minutes afin qu'il s'imprègne du parfum de jasmin.

● Mélanger les jaunes d'œufs et le sucre dans une casserole. Fouetter pour blanchir l'appareil et ajouter la farine.

● A travers une passoire, verser le lait sur ce mélange, amener à ébullition et laisser cuire 2 à 3 minutes sans arrêter de fouetter.

● Retirer du feu et réserver dans un endroit tempéré jusqu'à l'utilisation.

● Monter les blancs d'œufs en neige, en mélanger 1/3 à l'appareil encore tiède, puis incorporer le tout à l'aide d'une spatule en bois.

CUISSON

● Remplir les bols de la composition et lisser la surface.

● Les passer 1 minute sur une plaque chauffante puis enfourner à 180°. Cuire environ 18 à 20 minutes.

● Les présenter rapidement sur table après les avoir légèrement saupoudrés de sucre glace.

JEU DE SOCIÉTÉ !

Vous vous amuserez beaucoup en essayant de faire découvrir le parfum de ce soufflé à vos amis. Ouvrez les paris, vos chances de gagner sont nombreuses !

glace à la chicorée

Ingrédients	50 g de chicorée en grains
pour	300 g de sucre
8 personnes	1 l de lait
	25 cl de crème
	12 jaunes d'œufs

MISE EN PLACE

La chicorée

● Faire bouillir le lait et, hors du feu, y verser les grains de chicorée.

● Laisser infuser 15 minutes.

La glace

● Dans une seconde casserole, mélanger les jaunes d'œufs avec le sucre. Travailler au fouet jusqu'à ce que le mélange blanchisse.

● Verser l'infusion de chicorée préalablement passée au chinois sur cet appareil et, à feu doux, remuer sans arrêt à l'aide d'une spatule.

● Lorsque l'appareil commence à épaissir, qu'il nappe bien la spatule, retirer. Débarrasser et garder au frais jusqu'à l'utilisation.

FINITION

Lorsque l'appareil est froid, ajouter la crème fraîche, et le turbiner peu de temps avant la dégustation.

IMPORTANT

Il ne faut en aucun cas faire bouillir la crème, car elle perdrait de son onctuosité et de son parfum.

granité au céleri branche

Ingrédients	500 g de céleri branche
pour	150 g de sucre
8 personnes	2 citrons
	Alcool blanc

MISE EN PLACE

● Laver à grande eau branches et fanes de céleri. Les émincer finement et les placer dans une casserole.

● Parallèlement, faire bouillir 0,5 l d'eau avec 150 g de sucre. Verser sur le céleri. Porter à ébullition.

● Laisser ensuite infuser 30 minutes, sur le coin du feu.

● Mixer le mélange et le passer au chinois fin.

● Ajouter le jus de 2 citrons.

FINITION

● Verser l'appareil dans une sorbetière et le tourner par à-coups afin de prendre les parties congelées qui se forment sur les parois.

● Pour être prêt à consommer, il doit former une masse granulée.

PRÉSENTATION

Répartir le sorbet dans de grands verres bien glacés et recouvrir d'un alcool blanc tel qu'aquavit, vodka ou gin.

POURQUOI PAS !

Ce granité est à servir lors d'un grand repas, juste avant le plat de résistance. Son goût étonnant causera la surprise de vos invités. Il remplace le « trou normand » classique.

sorbet aux pommes rouges

Ingrédients pour 8 personnes

20 pommes rouges (starking, melrose, richard deli-
cious)
2 l d'eau
600 g de sucre
2 citrons
15 cl de calvados

PRÉPARATION DES POMMES

● Les choisir à la pelure saine, car seule celle-ci sera utilisée pour la confection du sorbet.

● Après les avoir lavées, les peler généreusement au couteau et réserver la chair pour un autre usage.

● Placer les pelures dans une casserole et les couvrir des 2 l
d'eau et du sucre. Laisser infuser 1 heure à petit feu, puis
passer au tamis en pressant la peau qui contient saveur et
couleur.

● Laisser refroidir, ajouter le jus des 2 citrons et réserver
au froid jusqu'à l'emploi.

FINITION

● 10 minutes avant l'utilisation, verser l'appareil dans la
sorbetière et turbiner.

● Dresser le sorbet très crémeux dans 8 verres glacés et
arroser de calvados.

POUR LA PETITE HISTOIRE

Cette recette est née lors d'un dîner à l'orientale à Bangkok,
préparé avec notre ami Guy Martin.
En effet, il était prévu au menu un sorbet au pamplemousse
rose, mais n'ayant pu nous en procurer, l'idée nous est
venue d'utiliser des pommes rouges et bien nous en pris...
Si vous le servez moins sucré, vous créerez dans la tradition
un parfait « coup du milieu ».

crème glacée aux pralines roses

Ingrédients	300 g de pralines roses
pour	12 jaunes d'œufs
8 personnes	100 g de sucre
	1 l de lait

PRÉPARATION

Les pralines

● Les broyer dans un linge à l'aide d'un rouleau à pâtisserie, puis les placer dans une casserole avec le lait.

● Faire infuser à petit feu pendant 15 minutes.

L'appareil

● Mélanger les jaunes d'œufs et le sucre dans une casserole. Travailler au fouet jusqu'à ce que le mélange blanchisse.

● Verser l'infusion de pralines sur cet appareil. Cuire à feu doux en remuant sans discontinuer à l'aide d'une spatule en bois.

● Retirer l'appareil du feu lorsqu'il commence à épaissir légèrement, c'est-à-dire qu'il nappe la spatule. Il faut absolument éviter l'ébullition.

● Verser dans une jatte et réserver au frais jusqu'à l'utilisation.

● Il suffira de turbiner quelques instants juste avant de servir.

MARCHÉ

Nous vous conseillons de choisir des pralines tendres à la dent, c'est-à-dire peu enrobées de sucre.

sorbet aux griottes à l'eau-de-vie

Ingrédients
pour
8 personnes

500 g de griottes à l'eau-de-vie
200 g de sucre
1/4 de citron
20 cl d'eau

LES GRIOTTES

● Les retirer de l'alcool, en réserver 24, et les mixer grossiè-rement afin de conserver quelques particules de chair.

● Verser dans un saladier, ajouter le sucre, le jus de citron et l'eau.

FINITION

● Transvaser dans un saladier et turbiner le plus tard possi-ble avant de servir.

● Garnir 8 verres bien glacés et agrémenter des griottes entières réservées.

À PART

Il est très agréable de déguster en même temps l'alcool de macération servi dans de petits verres à liqueur.
Pour un sorbet un peu moins puissant, utiliser en partie des griottes au naturel.

TABLE DES RECETTES
PAR SAISON

ÉTÉ

AUTOMNE

HIVER

POUR LA FÊTE

INDEX DES RECETTES

Index des recettes

Index des recettes

Cet ouvrage a été réalisé
par l'imprimerie Offset-Aubin, 86000 Poitiers
et relié par la SIRC à Marigny-le-Châtel
Dépôt légal : octobre 1985 — N° d'édition : L 523 — N° d'impression : P 13649
Imprimé en France